図書館のための出版キイノート
再販制度と独占禁止法

宮沢厚雄

樹村房

はじめに

本シリーズ「図書館のための出版キイノート」は，図書館で働く方がた
すべてにとって必要と思われる出版の知識を，平易に簡明に説いたもの
です。出版の全体をいくつかのトピックに分け，それぞれを嚙み砕いて
論じています。日々の業務の一助になればと念じました。

　出版（publishing）とは，文書や図画を販売・頒布する目的で複製し，
これを書籍や雑誌の形態で世に送り出す営みをいいます。狭義では書籍
出版のみを指しています。定日発売の商業雑誌を全国規模で創刊するに
は，事業者の側に定期的に刊行し続けるだけの資本力が無ければ，成り
立たせることができません。

　出版の本質は，複製（copy）にあります。中身を写し取り，オリジ
ナルと同一のものをもう一つ作り出そうとする行為が原点です。複製を
念頭に置いた素材には，古代では粘土板・木板・竹片・パピルス草・獣
皮などを数えます。これらの物理的な媒体に，鋭利な用具で刻み込む
か，インクや墨を用具に付着させて書き付けるといった技術的手段によ
って，文字や象形が表現されたのでした。

　15世紀にグーテンベルク（Johannes Gutenberg）が，金属活字・
油性インク・圧力印刷機を用いた活版印刷の技術を創案すると，中国か
ら伝播してきた紙の製法と相まって，複製物を量産化する道が一気に拓

けます。原本を肉筆で書き写し，数か月かけて一冊の写本しか仕上げられなかった作業工程が大幅に改善されました。

18世紀に著作権法（copyright law）が整備され，他人に勝手に複製されないよう無断使用を禁止する権利が確立します。著者(authorship)という概念が誕生したのです。海賊版は違法とされ，著者に対する利益還元の仕組みが整ったことで，出版はまさしく産業として成立したのでした。

19世紀には「読み・書き・そろばん」に始まる初等教育が義務化され，識字率が向上して大衆的な読者層が出現，出版産業は幅広い販路を得て大きく躍進します。

日本で近代的な出版産業が発展したのは，明治期です。それまでは，和紙に，和装で，墨蹟や木版印刷だった書物が，洋紙に，西洋式の製本で，活版印刷による製作へと大きく切り替わるのは，およそ明治20年代——西暦でいえば1887年以降——です。

どのような業種にも，歴史的・伝統的な経緯で形づくられた，固有の慣習があり独特な風儀を備えています。前近代的で旧態依然とした暗黙の取引慣行もあれば，明文化されて業界全体に持続的な好循環をもたらしている事業実態もあります。

日本の出版産業もまた，取引条件などで特異な商習慣が存在します。そのなかの一つが「再販制度」です。出版社の決めた販売価格を小売書店などに遵守させる仕組みなのですが，資本主義の経済システムにあっては非主流です。

本書「再販制度と独占禁止法」は，「図書館のための出版キイノート」シリーズの一冊として，この再販制度を取り上げています。

書籍や雑誌には「定価」の名のもとに小売価格が印刷表示されており，その確定した数値は消費者の手に渡るまで変動することはありません。再販制度に則っているからです。非常に特異な取引上の慣行ですが，実は法的根拠に支えられており，存置か廃止かを争った歴史的な経緯もあります。

　この冊子では，法律上のバックグラウンドである「独占禁止法」の存在も含めて，さまざまな角度から多面的に，再販制度の説明を試みています。独占禁止法そのものの解説は無論のこと，再販制度と独占禁止法の相関を，第二次世界大戦後の歴史のなかに位置付けて敷衍しました。出版業界と同様に再販制度を有する，音楽業界と新聞業界の動向についても叙説に含めました。アメリカやドイツにおける競争政策に関しても少なからず点描しています。窮屈感なく読み進めていくなかで，漠々とした認識を鮮明化し，筋目正しく整理するのに役立てる内容です。■

目 次

はじめに───3

1 再販制度を定義し，資本主義のもとでは特例的な商慣行であることを確認します。───13

1．1． 再販制度の定義　13

1．2． 出版業界で存続する再販制度　15

1．3． 資本主義経済下での特例的な商慣行　17

1 注記　資本主義と社会主義・共産主義　18

2 独占禁止法は，経済活動における競争の原則に，違反する行為を禁じる法律です。───23

2．1． 独占禁止法と市場での競争　23

2．2． 禁止されている四つの行為類型　25

2．3． 独占禁止法の「適用除外」措置　27

2 注記　アメリカの反トラスト法　29

3 日用ブランド品と著作物の再販制度が,独占禁止法の適用除外措置となります。————41

3.1. 独占禁止法の成立　41

3.2. 占領政策の転換と独占禁止法改正　42

3.3. 一定の再販制度の容認　45

3.4. 指定再販の日用ブランド品　46

3.5. 法定再販の著作物　48

3注記　第一次世界大戦と第二次世界大戦　50

4 公正取引委員会が,世論の動向や米国の圧力を受け再販制度見直しに着手します。————57

4.1. 高度経済成長後の石油危機　57

4.2. 部分再販と時限再販の導入　60

4.3. 日米構造問題協議　61

4注記　定価表示と消費税　64

5 日用ブランド品に対する 指定再販制度は,1997年3月で 事実上の廃止となります。—— 69

5.1. 指定再販の第一次縮小　69

5.2. 指定再販の第二次縮小　71

5.3. 指定再販の事実上の全廃　73

5 注記　バブル崩壊後の出版不況　76

6 法定再販は, 公正取引委員会と関係業界とで, 1990年代に大論戦となります。—— 81

6.1. 再販制度の見直しに着手　81

6.2. 新聞の再販廃止反対キャンペーン　83

6.3. 後退する公正取引委員会　84

6.4. 「1998年見解」と六項目要請　86

7 著作物六品目に対する法定再販の制度は，2001年に「当面存置」の結論を得ます。——— 89

7.1. 「当面存置」という「2001年結論」 89

7.2. ポイント＝サービスの背景 91

7.3. ポイント＝サービスの決着 93

7.4. 著作物再販制度の存続を明言 94

7注記 音楽CDと音楽ソフトの変遷 97

8 再販制度のもとでの割引行為と，再販制度容認の「正当な理由」を紹介します。——— 109

8.1. 相互扶助団体構成員への販売 109

8.2. 運用弾力化と業界の慣行 110

8.3. 「当然違法」から「合理の原則」へ 111

8.4. 公正取引委員会の「正当な理由」 113

8注記 ケインズとシカゴ学派 116

9 参考までに, 新聞業界には再販制度に加えて「特殊指定」という規定があります。——— 119

9.1. 本条規定・一般指定・特殊指定　119

9.2. 新聞に適用された再販制度　121

9.3. 戦時下の新聞統合　122

9.4. 戦後の乱脈販売合戦　124

9.5. 新聞特殊指定の成立　125

9.6. 新聞特殊指定の改革　126

9.7. 新聞特殊指定の存続　127

おわりに——— 131

主要参考文献一覧　139

1 | 再販制度を定義し，資本主義のもとでは特例的な商慣行であることを確認します。

出版業界では，再販制度のもとでの定価販売が広く行なわれています。出版社は書籍や雑誌に小売価格を印刷表示したうえで刊行しており，書店側にはその売り値の変更が許されず，値引き販売はできないのです。まずは，この再販制度をしっかりと定義するとともに，資本主義という経済システムのもとでは，特例的な商慣行であることを確認します。

1.1. 再販制度の定義

再販制度とは，ある商品の供給者が，取引先である事業者に対して，その事業者が商品を転売するときの価格をあらかじめ指示し，指示した価格を守らせる仕組みをいいます。

　本書では「再販制度」を「再販売価格維持契約制度」の省略形と定め，「再販売価格」「維持」「契約」「制度」と分節して説明します。商品の値付け（pricing）に関わる商慣行です。

「再販売価格」とは，取引先の事業者による転売価格のことです。一般的な流通経路（製造業者→卸売業者→小売業者）に置き換えると，メーカーの出荷価格の先にある，卸売価格あるいは小売価格を意味します。英語の「resale price」の直訳です。

　この再販売価格を「維持」するとは，メーカーが卸売業者や小売業者に対し，卸売価格や小売価格を確定的な一定額に保つという条件のもとに，取引の「契約」を結ぶ行為をいいます。再販売価格維持の契約によって，卸売業者や小売業者は商品の供給元が提示した価格に拘束されてしまい，取引の対価を決める自主性は失われ，自身の手で値引きなどの売価変更が自由にできません。

　再販制度は，再販売価格を維持するという個々の事業者間の契約行為が積み重なって「制度」相当とみなされるようになった，流通・取引上の慣行です。特定業種の，一定範囲の商品に関する，再販売価格の維持行為が累積していって常態然となり，結果として，関係する事業者のあいだで値付け上の決まり事と目せられるようになったのでした。

　なお，メーカーが卸売業者や小売業者に対して示す価格拘束の条件は，「確定的な一定額に保つ」以外に，「最低（あるいは最高）販売価格を定める」「値引きの限度額または率を指示する」「販売価格をある値幅の範囲内に収める」「事業者に前もって承認を得た価格にする」「近隣の小売店舗の売り値を下回らない価格にする」といった行為も含まれます。

　また，価格拘束の有無は，取引契約の文書による締結だけにとどまらず，メーカーによる何らかの人為的手段によって，現実的に拘束の実効性が確保されていれば足りるとしています。たとえば，メーカーの示した価格で販売するよう口頭で要請したり，従わない場合に出荷停止など

の経済上の不利益を課したり，課すことを示唆したりする，といったケースです。これらのケースでは，いずれも，メーカーによる価格拘束の実効性が確保されていると判断されます。

1.2. 出版業界で存続する再販制度

出版業界の書籍と雑誌には，この再販制度が適用されています。出版物の流通経路に置き換えると，一般的な書店ルート（出版社→ 取次会社→ 小売書店）における「再販売価格」は，書店での小売価格が該当します。取次会社は，書籍や雑誌を個別の出版社から仕入れ，在庫として保管・管理しながら，各方面の書店向けに仕分けて出荷する業務を担います。出版業界における卸売業者の呼び方で，単に「取次」ともいいます。

　再販制度によって，同じ銘柄の出版物ならば，地域格差の無い，全国一律の，同一小売価格で販売されているのです。流通業者間の価格競争が消滅している状態なので末端価格は安定し，商品を長期に店頭露出させながら時間をかけて売っていく戦略が可能となります。値崩れせずに売れ続けていけば，専門性の高い少部数出版であっても採算を確保できます。しかも，返品されてきた流通倉庫の在留品を出版社が再び出荷して小売店が販売するさいにも，当初の売り値がそのまま維持されます。

　出版物そのものに印刷表示されている**定価**（proper price）という言葉は，他の商品にある「希望小売価格」「実勢価格」「市価」といった，単なる参考として示されている，あるいは近い将来変動するかもしれない値付けとは異なり，かなり重たい意味を有しているのです。

小売価格が「定価」で固定されているので，取次の仕入れ価格（すなわち，出版社側の卸し価格）と，取次の卸し価格（すなわち，書店側の仕入れ価格）は，末端の定価に一定の割合を掛け合わせて，それぞれに設定されます。その掛け率を，**正味**（しょうみ）と呼びます。

　いま，取次が出版社から正味70％で仕入れ，書店に対して正味78％で卸したとすると，取次には率にして8％の売買差益が生じます。書店は小売価格との差額の22％が収益となります。出版社はといえば，正味70％で利益が出るように，小売価格を設定しているわけです。たとえば，定価1,000円の書籍が一冊売れると，取次は80円，書店は220円の利得がある計算です。出版社は700円の売り上げから，印税を始め，製版代・印刷代・用紙代・製本代などの諸経費を差し引いて利益を確保します。

　出版社・取次・書店のあいだの利益配分は正味の多寡で決まるわけですが，その数値は業界で一様ではなく，長年の慣行なども含めて事業者ごとに複雑な取引条件となっているのが現状です。

　なお，再販制度の対象は，発売後に未だ消費者の手に渡ったことの無い**新本**（しんぽん）です。これに対して，一般の消費者が末端小売業者などから，いったん有償で購入した（無償で譲渡された場合も含む）出版物は，その消費者が実際に使用したかどうかを問わず，市場では**古本**（ふるほん）とみなされます。古本の類いを消費者などから買い取って別な消費者に売り捌く，古物商に該当する業種——古書店・古本屋・新古書店など——においては，定価販売に拘束されるものではありません。

1.3. 資本主義経済下での特例的な商慣行

再販制度は，出版業界では存続しているものの，かなり特例的なビジネス＝モデルなのです。この点を，念頭に置かねばなりません。

　そもそも資本主義［章末の注記参照］の社会は，公共の利益を損なわない限りで，自由な競争を前提とする市場取引の経済体制です。市場での公正で自由な競争が常態であれば，同一商品であっても販売価格は多様化するはずです。商品の小売価格は，仕入価格に諸経費と利益をプラスし，市場の動向と販売戦略を加味して，そのたびごとに決定されます。売価変更もその場その時で，値引き（販売時点での交渉を受け適宜に変更）あるいは値下げ（特定時点から一律に意図的・計画的に変更）といったかたちで行なわれます。一物多価なのです。

　消費者に販売するときの価格は，商品の所有権を持つ小売業者が自主的に決める事柄であって，メーカーが自己と直接の関係に無い取引へ介入し，価格決定の自由を剥奪していいものではありません。

　再販制度は，本来の市場取引のルールを回避する，例外的な保護政策だという点を強調しておきます。次の第2章では，市場での自由な競争を促すための法的根拠としての「独占禁止法」を説明し，続く第3章では，出版業界の再販制度が，この独占禁止法の「適用除外」措置となった歴史的経緯に言及します。■

1 注記 資本主義と社会主義・共産主義

資本主義（capitalism）は，モノやサービスの生産手段，すなわち資本を持つ資本家が，労働者を雇用して商品を作り，生み出された利益を投資に回して成長につなげる経済システムです。

　世界最初の株式会社となる 1602 年のオランダ東インド会社設立や，工場制機械工業が成立した 1700 年代後半のイギリス産業革命などが契機となり，資本主義経済は世界に広がりました。

　資本主義を支える土台には，自由な競争のできる市場（しじょう，market）があります。市場は，商品としてのモノやサービスを自由に交換・売買できる環境です。英経済学者のアダム＝スミス（Adam Smith）が 1776 年に刊行した『国富論』で，「自由な競争が経済全体の成長を促す」と説いたことが理論的な支えとなっています。「土地などの私的所有」「資本の蓄積」「利潤追求」「株式会社制度」「労働力を提供する労働者の存在」なども，資本主義に欠かせない要素です。

　資本主義の対立概念に，社会主義・共産主義があります。19 世紀のヨーロッパで失業や貧困が生じ，資本主義経済の矛盾が露呈する過程で生まれました。

　社会主義（socialism）は，生産手段を社会全体の共有とし，生産物や富を公平に分配することによって貧富の差の無い社会を実現しようとする思想です。そのためには，政府が経済活動を計画し資

源配分を管理するという国家統制型の経済システムを運用します。

　共産主義（communism）は，生産手段や財産の私有・世襲を完全に否認し，共同所有に基づいた平等な社会を実現しようとする思想です。独経済学者のマルクス（Karl Marx）の考え方が指導的役割を演じたので，「共産主義」といえば「**マルクス主義**」を意味するようになりました。マルクス自身の手になる『資本論』第1部は，ドイツで1867年に初版が刊行されています。

　マルクスが最終的に目指したのは，支配や抑圧の無い，国家も存在しない，つまりすべての人びとが真に平等な理想的「共産主義」社会であり，「社会主義」社会は「共産主義」社会へ向かう過渡期の段階と位置付けられていました。

　まずは，プロレタリア階級――生産手段を持たない賃金労働者階級――を解放し，かれらによる独裁体制のもとで，社会主義建設を推進させることが必要であり前提であると説いたのです。資本家階級に対抗する階級闘争を煽り，全世界に共産主義の思想を伝播させて，階級や搾取の無い理想郷を早急に実現させなければならないと考える，強いエネルギーを有していました。

　マルクス主義は実社会を大きく動かしました。1917年3月，第一次世界大戦の厭戦気分からロシア帝国内で大衆的蜂起が起こり，共和制の臨時政府が誕生（ロシア暦でいう二月革命）。同じ年の11月にはレーニン（Vladimir I. Lenin）の主導のもと，共産主義者集団が武装決起して臨時政府を倒し（ロシア暦で十月革命），その

後の急進的な改革と数々の内戦を経て，1922年12月に世界で最初の社会主義国家としてソビエト社会主義共和国連邦（ソ連）が誕生するのです。

ロシア十月革命に象徴されるように，19世紀末葉から世紀をまたいで，マルクス主義は全世界に圧倒的な熱量をもって奉迎されていました。各国にはソ連指導部の教導を得て共産主義の政党が結成され，経済学者や政策顧問などの知識人は自国の体制を少しでもソビエト型に近づけようと奮闘し，労働者や学生はさながら一神教に帰依するがごとく思想運動に身を投じていったのでした。

日本でも思想統制下とはいえ，1919年には『資本論』第1部が，先ず松浦要（まつうら かなめ）によって経済社出版部から，次いで生田長江（いくた ながえ）によって緑葉社から，立て続けに翻訳・刊行されます。戦前の大原社会問題研究所が編纂し1929年に出版した『日本マルクス主義文献』は，タイトルどおりの主題書誌ですが，和暦も丸カッコのなかに記すと1919（大正8）年から1927（昭和2）年までの範囲で，採録点数は757点——連続論文やセットものの分冊を加えると約900点——を数えています。1928年には改造社から『マルクス・エンゲルス全集』が配本開始されるなど，出版状況をみても当時のマルクス主義は一大ブームを形づくっていました。

ところが，第二次世界大戦が終結した後になっての1956年のこと。レーニンの跡を継いでソ連共産党を率いてきたスターリン

(Joseph Stalin) の非道な悪行が，その死後に暴かれるという事件が起こるのです。権力集中が自己目的化し，人格崇拝をエスカレートさせて大量虐殺の愚を犯したのでした。イデオロギーに盲従し思考を放棄した官僚機構の一人ひとりが巨悪を支えていたのです。ソビエト無謬（むびゅう）神話は，ここからまさに崩れ始めます。

　日本では，高度経済成長を経た 1970 年代，浅間山荘事件——武装した共産主義者集団が 1972 年 2 月，長野県北佐久郡軽井沢町にある保養所に籠城した事件。事件後に仲間へのリンチ殺人も明らかになる——が起こったように，共産主義は運動面でのどん詰まりを露わにし，大衆消費社会を支える中間層の関心事はマルクス主義から急速に離れていったのでした。

　社会主義の経済システムも，1990 年ごろまではソ連や東欧諸国が採択していましたが，生産性の低下や物資不足で挫折し，現在では資本主義経済を取り入れる国が世界の大多数を占めています。1991 年の**ソ連崩壊**——ソビエト連邦が解体して規模の小さい共和制のロシアが成立するとともに，連邦を構成していた共和国はそれぞれに独立した——は，実に画期となる出来事でした。中国やベトナムは社会主義という看板こそ下ろしませんが，モノの私有や市場での競争を広く認め，「国家管理による資本主義」という経済システムに転換しています。■

2 | 独占禁止法は, 経済活動における競争の原則に, 違反する行為を禁じる法律です。

独占禁止法は, 資本主義の経済システムにおいて, 自由で公正な競争状態を維持するという目的の法律です。競争の原則に反した, 四つのアンフェアな行為類型を禁じています。本章では, 経済活動における「競争」とは何か, また「禁止されている行為」とはどのようなものかを説明するとともに, 「適用除外」措置という例外事項を確認します。

2.1. 独占禁止法と市場での競争

独占禁止法は, 特定の事業者が競争の原則に反して, 市場支配や価格操作のための協定を結んだり, 企業の合併をしたりして, 国の経済ひいては国民生活に損害を与える事態を防止する目的の法律です。端的に言えば, 市場経済における競争のルールを定め, 競争を害する行為を禁じているのです。アメリカの反トラスト法 [章末の注記参照] を母体に制定されました。

この独占禁止法の運営にあたる行政機関が，**公正取引委員会**（略称・公取委）です。委員長と四人の委員とで構成され，委員会の意思決定は五人の合議でなされます（任期は五年）。委員会の下には，事務総局（内部部局と地方機関）を有し，事務総長のもとに八百名を超える職員が勤務しています。内閣府の外局という位置付けですが，他から指揮監督を受けること無く独立して職務を行なうという点に特徴があります。

　そもそも**競争**（competition）とは，経済活動においては，モノやサービスを商品として提供する事業者が，消費者の存在を意識しつつ，互いに切磋琢磨し合う枠組みをいいます。

　市場での競争のメリットを直接に得るのは，消費者です。競争の結果として，よりいっそう品質の優れたモノやサービスが市場に出回って多く売れるようになると，供給側のコストダウンが図られて単価が下がり，消費者はより納得できる価格で享受可能となるのです。商品の選択肢が広がり，何らの留保なく選択できる環境が保たれれば，人びとの満足度は向上し生活水準が進展して，社会全体の厚生レベルも否応なく高まります。

　事業者の側も，消費者に直接向き合う必要があります。顧客の潜在的なニーズを掘り起こし，あるいは存在していなかった新たなニーズを作り出し，より満足度の高いモノやサービスを効率的に供給すべく，みずからの能力を発揮し向上させる営為に注力します。これまでの経験を踏まえた商品の改良や効率化はもとより，土地鑑の無い分野にも踏み込んで技術や人材を摂取する必要もあります。

　既成分野での本質的価値の深掘りと，未開拓分野への可能性を求めての進出が，競争に打ち勝つための方策です。その甲斐があれば，企業と

しての業績は上がり，企業価値が高まって，経済成長の継続が期待できます。競い合う敵手が不在の無風帯では，品質向上や技術革新に向けた企業努力は削がれ，長期的にみれば組織の衰退につながるのです。

　競争の無いところに成長はありません。経済の持続的な成長を維持するには，競争による事業環境の健全なダイナミズムが必要です。毎年多くの新しい企業が生まれて経済を牽引していきますが，一部の既存企業は淘汰されて止む無く廃業や解散に至ります。姿を消す企業の資源，とりわけ労働者は経済環境から失われるのではなく，社会的な雇用救済策のもとで，より成功する企業に移動していきます。こうした新陳代謝は，資源の生産的な再配分を可能にし，労働者に所得最大化の機会を与えるので，社会全体にとっても好ましい起爆剤となるのです。

　独占禁止法は，第1条の目的規定において「この法律は［中略］公正且つ自由な競争を促進し，［中略］以て，一般消費者の利益を確保するとともに，国民経済の民主的で健全な発達を促進することを目的とする」と述べています。直接の目的は公正で自由な競争の促進にあり，その点をベースに置きながら，最終的には消費者利益の確保と経済発展の効率化を目指しているのです。

2.2. 禁止されている四つの行為類型

競争を阻害するアンフェアな行為を，独占禁止法では四つの類型に集約させて，禁止しています。その四つは，①不当な取引制限，②私的独占，③不公正な取引方法，④企業結合，という行為です。

第一の類型である「**不当な取引制限**」とは，独立した競争事業者のあいだで意思の疎通を図り，ある目的実現のために一致団結して，競争の排除をもくろむ行為です。複数の事業者が互いの利益を守るために共謀して，製品の価格・生産量・販売量・販売地域などを取り決める**カルテル**（cartel）のことをいいます。**談合**（だんごう）もカルテルの一種です。官公庁などが行なう売買・請負契約の入札（にゅうさつ）制度において，応札（おうさつ）する事業者のあいだで事前に受注を調整するのが，談合です。

　第二の類型である「**私的独占**」は，有力事業者が他の事業者の活動を排除したり支配したりする作為により，競争を実質的に制限する行為です。英語の「monopolization」からの翻訳なのですが，単独の事業者が行なうという意味で「私的」の語が使われています。この私的独占のタイプには，競争相手を市場から排除したり，新規事業者の市場参入を妨害したりする排除型と，競争相手の活動に制限を加えて自分の意思に従わせようとする支配型があります。

　第三の類型である「**不公正な取引方法**」は，公正な競争を減殺する懸念のある行為です。自由な競争が妨げられたり，不公正な競争手段を用いたり，自由な競争の基盤を害したりといった，公正競争の阻害性が認められる取引方法をいいます。「不公正な取引方法」として，独占禁止法のなかで直接に規定されている禁止行為は，「共同の取引拒絶」「差別対価による取引」「不当廉売」「再販売価格維持行為」「優越的地位の乱用」の五つです。

　第四の類型である「**企業結合**」は，企業の合併，株式取得による資本支配，事業譲り受けによる企業統合などにより，複数の事業体が実質的

な単一事業体となることで，一定の取引分野における事業支配力が過度に集中する状態をいいます。企業結合の一つは，**トラスト**（trust）と呼ばれる形態です。資本の統一を軸に，同一業種に従事する複数の企業が名実ともに単一の企業体と化すもので，結合企業それぞれの独立性は失われます。もう一つは，**コンツェルン**（Konzern）と呼ばれる形態です。名目上は独立した複数の企業が，巨大な資本によって一つに結合されたものです。トラストが同一業種での企業結合であるのに対し，コンツェルンは多方面にわたる異業種間にまたがって形成されます。

　以上が，独占禁止法の「四本柱」と呼ばれて禁止されている，四つの行為類型です。多様な経済活動のなかで，これらの違反行為が行なわれてはいないかを常にチェックし，競争阻害性を認定した場合には，公正で自由な競争関係に戻すのが，公正取引委員会の仕事となります。

2.3. 独占禁止法の「適用除外」措置

注意しなければならないのは，こんにちの独占禁止法には，他の政策目的を達成するとの観点から，特定分野の一定の行為について「適用除外」が認められている点です。

　独占禁止法の適用除外には，根拠規定が，＜1＞独占禁止法じたいに定められている措置と，＜2＞独占禁止法以外の，個別の法律に定められている措置があります。

　独占禁止法じたいに，根拠規定が定められている適用除外は，①知的財産権の権利行使と認められる行為（第21条），②消費者・勤労者の

相互扶助を目的とする一定の協同組合の行為（第22条），③一定の再販売価格維持行為（第23条）の，三つです。

　個別の法律で，特定の事業者や事業団体の行為について独占禁止法の適用除外を定めているのは，①保険業法に基づく保険カルテル，②道路運送法に基づく生活路線確保のための共同運送カルテル，③海上運送法に基づく外航海運の運賃カルテル，などです。

　再販売価格の維持は，禁止行為である「不公正な取引方法」に該当し，本来は違法です（第2条の第9項の第4号）。事業者が自己の販売価格を自主的に決定する行為は，資本主義の経済システムにおける，もっとも基本的な事項だからです。多様な販売戦略によって，事業者間の競争と消費者の選択は確保されなければなりません。

　しかしながら，一定の商品に対する再販制度に関しては，上記に示したように，独占禁止法じたいに根拠規定が定められて，適用除外の措置として容認されています（第23条）。もちろん，制度として上から網を掛けるように広く適用されているのではなく，おのおのの再販売価格の維持行為が一定範囲に限定して許容され，制度とみなすまでに積み上がっていったのでした。次の第3章では，出版業界における再販制度が特例として受容された歴史的経緯に言及します。■

2 注記 | アメリカの反トラスト法

アメリカの**反トラスト法**（antitrust law）は，単一の法律ではなく，シャーマン法（1890 年制定），クレイトン法（1914 年制定），連邦取引委員会法（1914 年制定）という三つの法律及びそれらの修正法から構成される法律の総称です。

このほか，ほとんどの州が独自の反トラスト州法を制定しています。アメリカの州の権限は決して小さなものではなく，憲法に違反しない限り，各州は自由に法律を制定できます。

また，反トラスト法の執行の権限も一つの機関に集中しておらず，司法省，連邦取引委員会（Federal Trade Commission），さらに各州の司法長官というように，分かれています。司法省の人事ですが，司法長官は大統領によって任命され，それ以外の司法副長官・司法次官・反トラスト局長といった主要ポストも，すべて上院司法委員会公聴会を経て，上院での承認を受けた後に，その職に就きます。連邦取引委員会の，委員長一人と委員四人も大統領による任命後に，同様の手続きを経て就任しています（任期は七年）。時の政権の意向が強く反映された人選になるのは否めないところです。

さて，反トラスト法制定の経緯は，アメリカの「金ぴかの時代（Gilded Age）」にまで遡らなければなりません。内戦である南北戦争の終結（1865 年）から世紀末までをいい，名称は，マーク＝トウェイン（Mark Twain）とウォーナー（Charles D. Warner）

の共著として，1873年に発表された同名の小説のタイトルに由来します。

　この時代には，鉄道・石油・タバコ・製糖などの産業分野で，企業の吸収合併が急速に進展し，トラストの形態を持つ巨大独占企業体が形成されつつありました。自由放任をうたう資本主義経済のもと，資本家たちは自身の支配的地位を脅かすライバルを締め出し，公職に自分たちの息のかかった候補者を立て，役人を買収し，使いの者をして議員の机の上に賄賂の入った袋を置かせたのです。政治家たちも汚職にまみれていました。

　背景には，社会進化論（Social Darwinism）という考え方が強い影響力を持っていた点を指摘しなければなりません。英博物学者・ダーウィン（Charles R. Darwin）の進化論は，生物の様態は不変なのではなく，長い時間をかけた自然選択によって次第しだいに変異してきたと説く理論です。その生物の「変異」は，「進歩」を意味するものではなく，価値判断に関しては中立です。ダーウィンの進化論を人間の社会に適用したのが「社会進化論」ですが，それは，優れた者が最適者として勝ち上がれば，社会は理想的な状態へと突き進んでいくとみなす思潮だったのです。社会進化論は「金ぴかの時代」を席巻し，「適者生存」「勝者総取り」「劣位種排斥の優生学」「強国による植民地支配」などの論調を派生させたのでした。

　こうした状況に対し反旗を翻したのが，**ブランダイス**（Louis D. Brandeis）です。弁護士として小規模事業者の多くを顧客に持っ

ていたので，トラストが中小企業や独立系企業を呑み込み，あるいは廃業に追い込みながら，アメリカ経済で猛威をふるっている状況を自分のこととして経験していました。

　当時，モルガン（John P. Morgan）の率いる鉄道帝国が，ブランダイスの地元ボストンの多くの鉄道会社を併合して，ニューヨーク＝ニューヘイブン＝アンド＝ハートフォード鉄道という，一大輸送網を設立しようとしていました。ブランダイスは，この運輸独占の事業に疑問を呈しました。トラスト形態の巨大企業は，苛酷な労働条件と長時間労働を強圧的に課し，労働者の基本的権利に反する行為を強いていると，1907 年に声を上げたのです。独占企業の解体やその力を制限する手段を講ずるよう政府に求めるとともに，国民が永続的な繁栄を享受できる保障政策を訴えました。後の 1916 年にブランダイスは連邦最高裁判事に任命されています。

　ブランダイスはまた，ハーバード大学ロースクール時代の元同僚であるウォーレン（Samuel D. Warren）とともに，論文「The Right to Privacy」を『Harvard Law Review』誌（1890 年 12 月 15 日号）に発表。この共著論文で「プライバシーの権利」という概念を世界で初めて提唱した実績でも知られています。

　もう一人，巨大独占企業を追及した人物に，ジャーナリストの**ロイド**（Henry D. Lloyd）がいます。ロイドは，『Atlantic』誌（1881 年 3 月号）に「The Story of a Great Monopoly」という記事を執筆。ロックフェラー（John D. Rockefeller, Sr.）の率いるスタンダ

ード＝オイル社がトラスト形態を推し進めて，いかに全米精製石油の90％以上を独占するに至ったかを暴いたのです。

この糾弾は世の中にセンセーションを巻き起こしました。かかるチャンピオン企業は「泥棒男爵（robber baron）」と呼ばれて知識人や大衆の非難を浴び，目に余る独占の弊害を政府は直ちに規制すべきとの声が高まりました。後の1894年に『Wealth against Commonwealth（邦訳未刊）』を著し，「自由は富を生み，富は自由を壊す」という言葉をロイドは残しています。

上院議員のシャーマン（John Sherman）は，米国を脅かす集権的な産業力に対峙しようと同僚議員に行動を呼びかけ，巨大独占企業を抑制するための法案を連邦議会に提出。1890年7月に第二十三代大統領・ハリソン（Benjamin Harrison）の署名を得て，ここに「シャーマン法」が制定されます。シャーマン法は，日本の独占禁止法でいうところの，不当な取引制限（restraint of trade）や私的独占（monopolization）を禁止し，その違反に対する差し止めや刑事罰を規定しています。

しかしながら，1890年代の連邦政府はシャーマン法の運用に消極的で，せっかく成立はしたものの，その効力はまったく発揮されなかったのです。スタンダード＝オイル社も規制の緩いニュージャージー州に持ち株会社を置いて，独占を維持しました。

1901年に第二十六代大統領に就任したセオドア＝ルーズベルト（Theodore Roosevelt）は，「トラスト＝バスター（trust buster,

トラストを征伐する者）」とみずから進んで名乗りを上げて，シャーマン法の運用強化に乗り出します。資本と生産の集中は歴史の必然であり，合衆国に豊かな生活と高い生産性をもたらすとは認めるものの，巨大企業は公益の立場から政府の規制を受けなければならないと考えたのです。

ルーズベルトは，1902 年にノーザン＝セキュリティ会社を告発。北西部の三大鉄道会社を所有する巨大な持ち株会社ですが，1904 年に連邦最高裁は解散を命じました。1906 年にはスタンダード＝オイル社を提訴したものの，裁判は次のタフト（William H. Taft）大統領時代まで続き，1911 年になってようやく連邦最高裁から解体命令が出され，三十四の新会社に分割されました。

タフト政権を襲って 1913 年に第二十八代大統領となったウィルソン（Thomas W. Wilson）もまた，特権的な大企業の横暴を批判し，公正な競争と経済的機会の均等を唱えました。ウィルソンの思想的背景には，急速なアメリカ資本主義の形成によって出現した労働者大衆の諸権利を，従来の大資本家や大農園主ら既得権益者から守らねばならないという強い理念があったのです。

ウィルソンは，シャーマン法強化のために，1914 年に「クレイトン法」と「連邦取引委員会法」を制定します。前者のクレイトン法は，シャーマン法違反の予防的規制を主眼としており，不当な取引制限やトラストの事前規制について定めています。名称は，法案提出者のクレイトン（Henry D. Clayton, Jr.）下院議員に拠ります。

後者の連邦取引委員会法は，不公正な取引方法（unfair methods of competition）などを禁止しているほか，日本の公正取引委員会のモデルとなった連邦取引委員会の権限を規定しています。

　第二次世界大戦後の1950年，「セラー＝キーフォーバー法」が制定されます。クレイトン法第7条の修正法なのですが，寡占傾向にある業種での合併を禁止し，反トラスト法を強化するものでした。名称は，二人の法案提出者，セラー（Emanuel Celler）下院議員とキーフォーバー（Estes Kefauver）上院議員に因（ちな）んでいます。キーフォーバーは法案の趣旨説明のなかで，企業の過度の集中は，ファシスト独裁政権か産業の国有化のいずれかに帰結し，国家は社会主義国家もしくは共産主義国家へと変貌を遂げると訴えました。

　この修正法を加えたことで，司法省と連邦取引委員会は巨大独占企業の規制に関しての強力な権限を手に入れました。1960年代から1970年代の中葉にかけて，反トラスト法は非常に厳格に運用されたのでした。アメリカの戦後は，果敢な手段を用いて資本主義を手なずけようとした時代だったのです。

　1960年代，先進諸国は国家戦略として自国のテクノロジー産業の育成に努め，各国を代表するナショナル＝チャンピオン企業を支援して国際競争を勝ち抜こうと粉骨砕身していました。しかしながら，アメリカ政府はこうしたシナリオに背を向け，テクノロジー産業を支配していた，当時の二つの巨大独占企業を反トラスト法違反

で提訴し，分割を求めたのです。一つは 1969 年に IBM に向かって，もう一つは 1974 年に AT&T に正対して切り込んだのでした。

　IBM は，同社の大型汎用コンピュータ「System/360」の成功による独占で，企業や政府機関などの専門機関が使用するコンピュータ市場で支配的地位を獲得していました。IBM に対する裁判は，およそ六年に及ぶ証拠開示を経て，1975 年にようやく始まったのですが，IBM 側は費用を物ともせず，徹底した抗戦に出て裁判の引き延ばしを図りました。裁判は六年にわたって続いた末，1981 年，この年に第四十代大統領に選出されたレーガン（Ronald W. Reagan）政権のもとで，司法省は裁判を断念し起訴を取り下げています。

　一見すると司法省側の敗北のようですが，この裁判は実は大きく IBM を揺さぶったのでした。過度に市場を独占してしまうのを尻込みし，競合他社への攻撃を控えるようになりました。そして，ハードウェアとソフトウェアをパッケージにした料金体系を止め，価格を分離して販売する方向に舵を切ったのです。この結果，ソフトウェアがコンピュータ本体というハードウェアに付属するものでは無く，別個の市場を持つ独自の産業として確立するきっかけを作りました。

　もう一つの画期的な変化は，個人向けの小型コンピュータの誕生にみられます。1970 年代，大勢の研究者が個人用途のコンピュータ開発にいそしんで，小さな会社を起業していました。IBM はこ

の市場に 1981 年に参入し，巨大な力で新興パソコン市場を瞬く間に支配するのではないかと思われていました。ところが，そうはならなかったのです。

IBM の発売したパソコンは，市場から既製品のパーツを調達して構成されており，回路図などの重要な部分もオープンにしてあったのです。この結果，IBM 製品の互換機を多くのメーカーが製造販売するようになり，アプリケーション＝ソフトや周辺機器なども無数のメーカーが切磋琢磨する自由な市場が生まれました。

なかでも大きな意味があったのは，OS（基本ソフト）の扱いでした。当時まだ零細なスタートアップだったマイクロソフト（Microsoft）社に依頼して OS の提供を受けたのですが，IBM 側は買い取りの話どころか，独占的なライセンス契約さえ要求しませんでした。非独占的な取り決めは明らかにマイクロソフト側に有利なのですが，それを承知で契約を交わしたのは，反トラスト法で係争中だった IBM がソフト開発者の訴訟を恐れて，OS の専有にひどく用心深くなっていたからです。この IBM の「裁判恐怖症」がパソコン市場を開花させ，ひいてはマイクロソフトを急成長させることにつながったのでした。

ただ，IBM 訴追の一件は，世界最大の超巨大独占企業体である AT ＆ T との対決の前哨戦に過ぎませんでした。1974 年に司法省が AT&T を反トラスト法違反で提訴したとき，従業員は百万人以上——最盛期の IBM のほぼ四倍——を擁し，その時点でまるまる

六十年に及ぶ独占体を維持していました。地域電話サービス，長距離電話サービス，業務用電話事業，機器製造部門，研究開発部門など，複合的な独占企業体から成る一大トラスト王国でした。

　AT&T の初代社長にして真の支配者になったベイル（Theodore N. Vail）は，競争こそアメリカ実業界の名声を貶めると考えていました。ライバル企業の存在は一社たりとも許さず，市場を分かち合うことも受け入れず，自分たちは政府の規制をも上回る存在だと自負していたのです。

　反トラスト法による提訴へと司法省を踏み切らせたのは，たぶんに政治的な理由によるもので，AT&T が国家に対する挑戦者と映ったからでした。1974 年に始まった訴訟は，およそ十年にわたって続いたのですが，結局，反トラスト法による判決は下されませんでした。その代わりレーガン政権下の 1984 年，司法省と AT&T のあいだで和解が成立し，AT&T は「同意審決」を受け入れ，目を見張るような劇的な分割に応じました。AT&T は八社に分割され，それぞれの事業内容はいくつもの制約下に置かれたのです。

　この同意審決（consent decree）とは，違反や賠償を問われ不服として争っている当事者が，過失や不正を認めて是正措置を受け入れる代わりに，正式な刑事訴訟や民事訴訟に発展させないことを，規制当局と合意する取引です。

　AT & T 分割は余りに巨大分割事業となっただけに，短期的でしたが，通信市場に混乱をきたしました。それでも独占時代には想像

もしなかった新たな関連商品，たとえば，留守番電話やアナログ信号とデジタル信号を交換するモデムを生み出し，電話回線を使ったパソコン通信時代の事業者やインターネット接続を可能にするプロバイダといった，新しい業種の登場を促しました。少なくともインターネットの普及は AT&T 分割が一つの発火点となった事実は否定できないでしょう。

　1990 年代に入ると，司法省はマイクロソフトをめぐる係争に手を付けます。発端は，連邦取引委員会がマイクロソフトの調査を開始し，OS 市場での不当な独占と，アプリケーション＝ソフトの開発販売で不当な優位性を維持しているとの摘発を試みたことです。

　1998 年に司法省はマイクロソフトの次期 OS「Windows98」に対し，インターネット閲覧ソフトを組み合わせて販売するのは，反トラスト法違反に当たるとして提訴しました。2000 年 4 月，ワシントン連邦地裁はマイクロソフトの反トラスト法違反を認める判決を下し，同年 6 月には，同社を OS 部門とアプリケーション＝ソフト部門の二つに分割することを命じるという厳しい是正措置命令を発出しました。この判決に対し，マイクロソフト側は控訴しました。

　この 2000 年はアメリカ大統領選の年だったのですが，これをブッシュ＝ジュニア（George W. Bush, Jr.）が僅差で制し，翌年の 1 月に第四十三代大統領に就任して間もなく，風向きが変わりました。2001 年 6 月に連邦高裁は，マイクロソフトの分割を命じた一審判決を破棄し，審理を差し戻す判決を下したのです。ブッシュ政権下

の司法省も態度が軟化し，2002年にマイクロソフトと分割無しの和解案に応じたのでした。

　これ以降，二期八年に及んだブッシュ政権のもとで，反トラスト法に基づく訴訟は一件も行なわれず，大型の企業合併についても何ら規制が掛けられることはありませんでした。

　この裁判でマイクロソフトは，いままで興味を示さなかった国政に巨額の献金を行なうようになります。ワシントンにロビイング事務所を開設し，2000年の選挙戦でも新政権に影響力を行使すべく多額の「ソフトマネー」──選挙運動にさいして投票推進などの名目で支出する寄付金。選挙管理委員会の規制を受けないので候補者の政治資金となる──を見境もなく投じたのでした。

　もう一つの変化は，マイクロソフトを率いて世界一の大富豪となったビル＝ゲイツ (William H. Gates III) 本人に，訪れたのでした。公判中は事業に身を入れて取り組むことができなかったと告白し，2000年に夫妻でビル＆メリンダ＝ゲイツ財団を設立，慈善事業に軸足を移す決心をします。経営の第一線からは次第に退いて，途上国の感染症予防やオープン＝アクセス方針のもとでの学術研究助成に専念し始めたのです。メリンダ夫人とは2021年5月に離婚を発表したものの，財団活動はそのまま存続しています。■

3 日用ブランド品と著作物の再販制度が，独占禁止法の適用除外措置となります。

日本の独占禁止法は占領政策の一環として成立。その後に時代の変遷と相まって，いく度となく改正の手が入っています。本章では，一定の商品に対する再販制度が，独占禁止法の「1953年の大改正」で，適用除外措置として容認された経緯をたどります。対象は日用ブランド品と著作物で，後者のなかに出版業界の書籍と雑誌が含まれていました。

3.1. 独占禁止法の成立

日本は，第二次世界大戦［章末の注記参照］で一敗地にまみれます。その敗北後間もない1947年4月に，当時の占領政策の一環として独占禁止法（昭和22［1947］年4月14日法律第54号，正式名称「私的独占の禁止及び公正取引の確保に関する法律」，「独禁法」とも略す）が公布されます（施行は7月1日）。同じ年の7月に，公正取引委員会も設立されています。

連合国軍最高司令官総司令本部（General Headquarters, the Supreme Commander for the Allied Powers, 略称・GHQ あるいは GHQ ／SCAP）は，敗戦国である日本の占領政策を担う，アメリカを中心とした連合国軍の機関でした。その方式は，GHQ の指令を日本政府が実施するという間接統治です。

　統治権を預かる GHQ は，戦前の日本が軍部による全体主義——個人の幸福よりも国家の利益を優先し，政府への奉仕を強要する政治体制——に支配されていたとして，これを改め，小規模で平和的な民主国家に転換させようと意図しました。国民主権・象徴天皇・戦争放棄を柱とする「新憲法の制定」を始めとして，「軍国主義の排除」「三菱・三井・住友・安田などの財閥解体」「地主・小作人関係からの農地解放」「労働運動の合法化」など，占領下の日本における民主化政策が急ピッチで推し進められていたなかにおいて，独占禁止法は誕生したのでした。

　当初の独占禁止法には「事業会社による株式保有の原則禁止」「合併の許可制」「一定の共同行為の全面禁止」など，母法であるアメリカの反トラスト法をはるかに超える，きわめて厳しい規定がありました。GHQ は，日本が二度と戦前の財閥支配体制に戻ることの無いよう，実に厳格な産業規制を課したのでした。

3.2. 占領政策の転換と独占禁止法改正

ところが，占領政策は数年ほどで大きく転換します。

　たとえば，1948 年 12 月 23 日，東條英機（とうじょう　ひでき）ら

7人は戦争犯罪人として巣鴨拘置所で絞首刑に処せられたものの，その翌日には岸信介（きし のぶすけ）ら19人の戦犯容疑者が不起訴処分となって釈放されたのです。ここにみるように，アメリカは初期の民主化政策を打ち止めにして，日本列島を共産主義の拡散を阻止する地政学上の防御壁とすべく，国内の社会主義運動を取り締まる方向へと大きくシフトしていくのです。それに伴い，公職追放されていた戦前の保守系人脈が政界や実業界で復活して隠然たる地歩を固め，他方で解体途上だった旧財閥はグループとして再編され，株式持ち合いが進んで日本独特の産業構造を形成していきました。

アメリカは共産圏の広がりを無視できず，むしろ過大に恐怖しました。というのも，ソ連が連合国の一員として第二次世界大戦に勝利した事実により，社会主義国家としての国際的な影響力が格段に強化されていったからでした。結果として，アメリカとソ連をそれぞれに盟主とする二大グループの対立が形づくられ，それは「冷戦（cold war）」と称されるまでに至ってしまうのです。

相手の勢力圏に食い込むスパイ組織網が強化され，諜報活動が拡大していきました。そのなかでは，キム＝フィルビー（H. A. R. "Kim" Philby）のようなダブル＝エージェントも暗躍しました。米ソは互いに戦略的な核技術兵器の増強を競い合い，その競争は宇宙開発にまで向かったのです。局地的な動乱や紛争に対し，背後から武器供与や軍事訓練を支援したり，表立って武力介入したりして，イデオロギーをめぐる両陣営の代理戦争も激化しました。

こうした状況下，当初の厳格な独占禁止法は，1953年9月1日に改正法が公布・施行されて大幅に緩和されます（「**1953年の大改正**」）。旧

西ドイツの競争制限禁止法案（法律制定は 1957 年）をモデルに，不況に対処するためのカルテルや合理化を遂行するためのカルテルなどが，一定の要件のもとに許容されたのです。

　当時は，敗戦時から続いた日本のハイパー＝インフレーションを，1949 年にデトロイト銀行頭取の米特使・ドッジ（Joseph M. Dodge）が断行した金融引き締め政策で抑え込んだものの，壊滅した製造業はなかなか立ち直れず，生活物資が欠乏して暮らし向きは苦しくなる一方だったのです。そんな折の 1950 年 6 月に勃発したのが，朝鮮戦争です。日本は軍用特需に沸き，活気を取り戻して，経済回復のきっかけとなりました。ただし，翌 1951 年 7 月の朝鮮戦争休戦会議以降（休戦協定の調印は 1953 年 7 月），反動として再び不況に転じていたのでした。

　また，1952 年 4 月に**対日講和条約**（Treaty of Peace with Japan）が発効したことで，GHQ による戦後七年間の占領政策が終了し，独立を回復できた時節でもありました（米サンフランシスコでの調印は，1951 年 9 月。このとき，日米安全保障条約も調印）。この条約の発効により，日本と条約に調印した連合国側 48 か国とのあいだの「戦争状態」が，国際法上でも終結したのです。なお，ソ連・チェコスロバキア・ポーランドは調印を拒否し，中国・韓国は招請されず，インド・ビルマ・ユーゴスラビアは会議に参加しませんでした。

　主権を回復した日本は，敗戦の甚大な被害から経済的に立ち直ることを目指しており，国内産業の保護と育成が最大の課題となっていました。内外の不穏な政治情勢を経済的な自立でとりなそうと，全力を傾注していたのです。独占禁止法の「1953 年の大改正」は，そうした施策の一環でした。

3.3. 一定の再販制度の容認

当初の厳格な独占禁止法は「1953年の大改正」で大幅に緩和されるのですが、このとき一定の再販制度が、不況カルテルや合理化カルテルとともに、適用除外措置として容認されたのでした。

正確を期すならば、制度が認められたというよりも、商取引にあたって「生産者―卸売業者」あるいは「卸売業者―小売業者」といった当事者間で、それぞれに再販売価格維持の契約を自主的に結ぶ行為が、一定範囲の商品に至っては、違法とはみなされない運びとなったのです。あくまでも、単独の事業者が個々の相手方事業者と取り結ぶ個別的行為に限定されます。再販売価格維持の契約締結を「してもよい」のであって、「しなければならない」と義務付けたわけではありません。

再販制度が許容された商品は、①公正取引委員会が一つずつ指定し告知することで認められる**指定再販**の品目（第23条の第1項、第2項、第3項及び第6項）と、②独占禁止法の条文に「著作物」という文言であらかじめ明示されている事実から、**法定再販**と称される著作物（第23条の第4項及び第1項）でした。

指定再販の品目は、①品質が一様である点を容易に識別でき、②一般消費者により日常的に使用され、③自由な競争が行なわれている、という三つの要件に該当すれば、公正取引委員会に契約内容を届け出て指定を受けました。当該商品が事実上、指定の要件に合致しているからといっても、公正取引委員会の指定を受けなければ、価格拘束をしていいものではありません。

46

法定再販である著作物の範囲は，公正取引委員会の解釈・運用によれば，「書籍」「雑誌」「新聞」「音楽レコード盤」の四品目と，音楽レコード盤と機能・効用が同一である「音楽テープ」「音楽CD」の二品目を拡大解釈で後に加えて，計六品目に限定されています。

　なお，独占禁止法でいう「著作物」は，著作権法（昭和45［1970］年5月6日法律第48号）の保護対象である「著作物」とは異なる概念である点に，要注意です。

　独占禁止法の「著作物」は，公正取引委員会の解釈・運用によって具体的な六つの品目が該当するのみですが，著作権法では第2条の第1項で「著作物」の概念が定義されています。いわく「思想又は感情を創作的に表現したものであつて，文芸，学術，美術又は音楽の範囲に属するもの」となっています。この定義規定を受けて著作権法第10条には具体例が示されていますが，あくまでも例示であって，先の第2条第1項の要件を満たすのならば，第10条に掲げられていなくとも，著作権法では著作物に該当することになります。

3.4. 指定再販の日用ブランド品

ところで，1950年代当時は資本力のある販売業者によって，商品の乱売競争が盛んに行なわれていました。消費者に知られている一部の日用ブランド品を損失承知で大幅に値引きして顧客を引きつけ，そこで他の商品を通常価格で販売して利益を上げるという「おとり廉売」の商法が激烈を極めていたのです。

ブランド（brand）とは，ある企業の商品であるという事実を，企業の手を離れた後においても，その銘柄・商標・外装などによって人びとに十二分に想起させることのできるイメージやアイコンをいいます。顧客に購買期待を促し，企業側がそれに応えられるような，顧客と企業とのあいだで培われる共通認識であり，企業のアイデンティティを発信し知名度を高める役割も担います。ここで述べているのは，そうしたブランドを有する日常使いの看板商品であって，高級衣料や宝飾品にみるような，高価格帯のそれではありません。

　当時の製造元企業は，大規模販売業者のおとり廉売に自社製品が使われると，ブランドの価値が損なわれて消費者の購入動機を鈍化させると危惧しました。小規模の商店は，販売利益が不当に害されて，より直接的におとり廉売の影響を受け，大規模販売業者に安売りさせるべきではないと製造元の企業に圧力をかけたのです。ここに，メーカー側と小規模商店との利害が一致し，おとり廉売を阻止するために消費者価格を一定の基準内に抑える要望となりました。

　このときに指定再販となった日用ブランド品は，次のとおりです。1953年に「化粧品」「染毛料」「練歯磨き」「家庭用石鹸・洗剤」，1954年に「雑酒」「キャラメル」「大衆医薬品」，1955年に「写真機」，1959年に「既製エリ付ワイシャツ」でした。計九品目です。

　とくに化粧品は，再販制度導入を熱望する，業界あげての強い陳情活動があったのです。おとり廉売がとりわけ著しく，利益を確保できずに閉店や廃業に追い込まれる零細小売店が続出していました。1952年にはそれまで制限されていた外国化粧品の国内での販売が自由化され，新たな危機感を募らせました。1953年に指定再販となったものの，戦前

から化粧品業界を牽引してきた有力メーカーの平尾賛平商店と中山太陽堂はともに企業体力がもたず，翌 1954 年に相次いで倒産の憂き目を見るのでした。

3.5. 法定再販の著作物

その一方，著作物を法定再販とし，日用ブランド品の指定再販とは区別して特掲した理由は，同様の条項が，モデルとした旧西独競争制限禁止法案に設けられていたのを発端としています。旧西独では，再販制度の適用除外にさいして，日用ブランド品と出版物とを明確に区別した内容だったのです。

　日本での著作物法定再販は，当時の国会でもほとんど議論がなされず，出版業界の努力によって獲得したというわけでもありませんでした。適用除外となった理由は必ずしも定かではないのですが，参照した旧西独の政府草案に啓発されたとみるのが妥当と考えられています。

　化粧品業界の熱心な運動に呼応して日用ブランド品に再販制度を導入するのならば，実質的に定価販売となっている書籍と雑誌を追認し，同じ文化商品である新聞と音楽レコード盤もあわせて受け入れて，業界との癒着といった批判をかわしつつ，再販制度導入の体裁を整えたいという公正取引委員会の思惑も，あったのかも知れません。

　出版業界では，結果として，大正時代半ばに業界団体の規約や協定に基づいて始まった書籍・雑誌の定価販売という商慣行が，そのまま受け入れられたかたちとなりました。また，先の戦時中の産業統制で，政府

は1941年に日本出版配給株式会社（略称・日配）を設立し，取次業務を統合して実質的な定価販売を実施していました。この日配が確立した中央集権的な全国均一型の流通は，戦後設立の取次会社によって引き継がれ，定価販売も既成事実として定着していたのです。

　もちろん戦後においても，出版社の売れ残った新本（しんぽん）を見切り品として特価販売する第二市場は存続していたのですが，法定再販が施行されて以降,定価販売の「励行」という業界の掛け声に押されて，1960年代までにほぼ一掃されていきました。

　なお，書籍・雑誌の再販契約書のヒナ型は，**出版再販研究委員会**が作成し同委員会のウェブ=サイトで公開されています。同委員会は，日本書籍出版協会・日本雑誌協会・日本出版取次協会・日本書店商業組合連合会という出版業界四団体で組織されており，前身である「再販売価格維持契約委員会」の名称改定を受けて，2000年2月に発足した任意団体です。

　前身の委員会は，遡れば，再販契約の実施に関する助言を目的として，1956年4月に設立された「再販売価格維持契約励行委員会」なのですが，1980年10月に公正取引委員会から「励行」の言葉が適切ではないとの行政指導がなされて名称を改めた経緯があります。■

3 注記 第一次世界大戦と第二次世界大戦

20世紀には，世界的な規模の戦争が二度も起きています。多くの国を巻き込み，さまざまな近代兵器が実戦投入され，民間人を含め，それまでの戦争とは比較にならない数の犠牲者を出しました。この二度の戦争では，「徴兵制度」「国民総動員態勢」「科学技術の戦争利用」「秘密協定」といった，近代における**国家総力戦**の要素も鮮明となりました。

第一次世界大戦（World War Ⅰ）は，1914年に起きた一つの暗殺事件をきっかけに，大国同士の連盟関係が連鎖的に発動して，ヨーロッパ全土を主戦場とする大規模な戦闘に至ったのです。ドイツ帝国とオーストリア＝ハンガリー帝国の「中央同盟」に敵対したのは，イギリス・フランス・ロシア帝国の「三国協商」でした。

背景には，19世紀末から顕著になった，資本主義の強国による勢力圏の拡張政策がありました。大国同士の力関係が，バルカン半島——さまざまな人種・民族・宗教・歴史を持った人びとが暮らしており，いくつかの国に分割されていて，常に紛争の温床となっていた——をめぐって，もはや後戻りできない緊迫状態に達していたからです。

この戦争の特徴は「塹壕戦」です。銃火器の性能が格段に発達したので，平地で正面から攻撃を仕掛けるのではなく，最前線に塹壕（ざんごう）という，からだが隠せる深さの溝を掘り，攻め込んで

くる敵をそこから迎え撃つという戦法が取られたのです。塹壕戦では，防御側が圧倒的に有利となります。いきおい戦局は膠着し，第一次世界大戦は長期の消耗戦となったのでした。

　長引く戦争は各国の体制を揺るがし，皇帝が権力をふるっていた君主制国家では革命が勃発し，やがてどの国にも厭戦気分が蔓延して戦意喪失していきました。1917 年にはロシア革命が発生し，同じ年にドイツの無制限潜水艦作戦に反発したアメリカが，三国協商側に就いて参戦します。明くる 1918 年になって，ドイツ革命と呼ばれる大衆的蜂起が起こり，君主制が瓦解して共和制のドイツが成立，この事態によって第一次世界大戦は休戦協定が結ばれました。

　戦後に，平和と安定を維持するための国際組織として「国際連盟（League of Nations）」が発足します。ただし，提唱者のアメリカは，ヨーロッパ大陸との相互不干渉を理由に参加しませんでした。

　アメリカは，戦争の被害が比較的少なかったところから，1920年代に急激な成長を遂げて経済的な繁栄期を迎えます。自動車産業が発達し，映画やラジオ放送が当時の新技術として大衆に広まり，ジャズの音楽が開花して，新しい服装や行動様式を好む，フラッパー（flapper）と呼ばれる若い女性が闊歩していたのです。

　ところが，1929 年 10 月 28 日と 29 日の両日にわたって，アメリカの株式市場が大暴落します。銀行が次々と閉鎖され，四人に一人が失業者という異常事態に陥りました。これが**世界恐慌**（Great Depression）となります。国外に多く投資していたアメリカの資

金が一斉に引き上げられ，その結果，世界中の国々に深刻な不況を
もたらす事態となったのです。

　アメリカは，大規模な公共事業を実施し労働者を大量雇用するな
どして，一定の成果を上げました。イギリスやフランスは植民地を
世界中に保有していたので，自分たちの経済圏のなかだけで貿易を
行なって経済を活性化させました。社会主義国のソ連は計画経済を
実施していたので，不況に影響されにくい体制が幸いしました。

　世界恐慌の影響を内部解決できた「持てる国」に対し，外部地域
に武力進出してまでも経済的な基盤を確保せざるを得なかった「持
たざる国」が，イタリア・ドイツ・日本でした。

　イタリアは国内の統一が遅れ，海外に植民地をほとんど持たなか
ったところに，ムッソリーニ（Benito A. A. Mussolini）の率いる
ファシスト党の独裁政権が誕生。植民地を求めてアフリカに進出し，
1935 年にエチオピアを制圧。これを非難した国際連盟を 1937 年
に脱退します。

　ドイツは，第一次世界大戦の敗戦国として「領土の没収」「超高
額の賠償金」「軍備の縮小」などが課され，民族的な自尊心をいた
く傷つけられていました。この機に，ヒットラー（Adolf Hitler）
率いるナチス党がドイツ民族の優位性を掲げ，民主的な選挙によっ
て政権を掌握。再軍備に突き進んでいきました。

　極東の日本は，経済低迷の打開策として中国大陸に進出。1931
年には陸軍による独断行動から満州事変が生起し，中国から独立し

3 注記　第一次世界大戦と第二次世界大戦 ｜ 53

た「満州国」が建設されます。国際連盟が満州国を承認しなかった事案を不服として，1933年に脱退します。

　当時の中国は，蒋介石（しょうかいせき）の率いる国民党と，毛沢東（もうたくとう）の中国共産党が争う内戦状態でしたが，1937年7月の盧溝橋事件を契機に，国民党と中国共産党は一致協力して日本との徹底抗戦を表明，**日中戦争**がここに始まりました。

　ヨーロッパでは，1939年9月1日にドイツが領土回復を求めて隣国のポーランドに侵攻し，戦端が開かれたのです。ポーランドの独立を保障していた英仏は，その二日後にドイツに宣戦布告します。開戦当初，ドイツは戦車と自動車歩兵と爆撃機を駆使し，一年足らずで英国を除く西ヨーロッパのほぼ全域を制圧してしまいました。

　1940年5月，チャーチル（Winston L. S. Churchill）を首相とする挙国一致内閣がイギリスで成立。その年の6月，地中海の支配を狙うイタリアが英米に宣戦布告し，戦場はバルカン半島や北アフリカにも広がりました。日本・ドイツ・イタリアは，その1940年の9月に三国同盟を結び，「枢軸国」側の中心となります。ドイツは戦闘機による空中戦で英国本土への上陸を阻まれると，方向を転じて1941年6月に独ソ不可侵条約を破棄してソ連に侵攻。ただちにモスクワ近くまで攻め上ったのですが，11月になると厳しい冬の寒さで苦戦を強いられます。

　ドイツがフランスを陥落させたのをみた日本は，1940年にフランス領インドシナ（現在のベトナム・ラオス・カンボジアを合わせ

た領域）に進出。これが，フィリピンやマレーシアに拠点を持つアメリカを強く刺激します。アメリカは対抗措置として，翌 1941 年 7 月に在米日本資産を凍結し，8 月には対日石油輸出を禁止するのです。

　1941 年 12 月 8 日（ハワイ時間では 7 日早朝），日本はハワイ真珠湾を奇襲攻撃し，アメリカに宣戦布告。翌日にフランクリン＝ルーズベルト（Franklin D. Roosevelt）米大統領は，対日宣戦布告を求める演説を議会で行ないます。ドイツとイタリアは，三日後の 11 日に対米宣戦布告。アメリカの参戦により，局地戦争であった欧州と極東の戦争が，**第二次世界大戦**（World War II）へと拡大したのです。翌 1942 年 1 月には，アメリカ・イギリス・ソ連・中国を中心とする「連合国」の座組みが形成されました。

　戦局は，次第に連合国軍側の優勢となります。1943 年 9 月に，イタリアはムッソリーニを追放して早々と降伏します。1944 年 6 月，連合国側のアメリカ軍はノルマンディー上陸作戦を開始してフランスを解放，反攻に転じたソ連軍とともに，ドイツを追い詰めました。

　明くる 1945 年 2 月。ソ連領土内にあるクリミア半島の保養地・ヤルタに，チャーチル・ルーズベルト・スターリンの三首脳が集まり，戦後処理構想が早くも話し合われました（**ヤルタ会談**）。この会談でのルーズベルトは肉体的衰弱が著しく，米国に戻って 4 月に死去。その死からほどない 5 月にドイツが降伏します。

1945 年は，和暦で昭和 20 年。日本は 6 月 23 日に沖縄を失い，8
月 6 日に広島，9 日には長崎に原爆が投下されます。原爆投下を決
断したのは，ルーズベルトの死去により副大統領から昇格したトル
ーマン（Harry S. Truman）米大統領でした。その合間の 8 月 8 日
にはソ連から突然の対日宣戦布告を受けるのですが，これはヤルタ
会談での密約によるものだったのです。

　本土決戦をうたっていた日本ですが，とうとう 8 月 14 日に降伏
要求のポツダム宣言を受け入れ，翌 15 日に天皇の肉声によるラジ
オ放送で，国民に敗戦の事実が告げられました。日本が対連合国降
伏文書への調印を行なったのは，1945 年 9 月 2 日です。

　しかしながら，遅れて対日戦に参戦したソ連は，日本のポツダム
宣言受諾後も，満州・朝鮮半島北部・南樺太・千島列島への進撃を
続け，日本軍も自衛として応戦せざるを得ませんでした。ソ連軍に
よる作戦は 9 月 2 日の降伏文書調印後も続けられ，ソ連軍が一方的
な戦闘をようやく停止したのは，9 月 5 日になってのことでした。

　戦後には，平和と安定を維持する国際組織として「国際連合
（United Nations）」が発足します。設立総会は 1945 年 4 月 25 日
から 6 月 26 日まで，米サンフランシスコで五十か国の代表を集め
ての開催でした。総会への参加条件は「1945 年 3 月 1 日以前に枢
軸国に対して宣戦布告した国」と定められていたので，多くの中立
国が駆け込み的に日本とドイツへの宣戦布告に踏み切りました。英
文名称は，戦時下の軍事同盟だった「連合国（United Nations）」

と同一ですが，日本語では訳し分けられています。

　これより以前，国際連合の具体的な青写真を描く実務者会議が，1944 年の 8 月から 10 月にかけてワシントン特別区のダンバートン＝オークス邸で，米国の素案をもとに前後二回に分けて行なわれ，米国務省官僚のヒス（Alger Hiss）が実質的な事務局長として議事録をまとめました。一度目は米英ソ三国が，二度目は米英中三国が協議し，中ソ両国が協議の場に同席することはありませんでした。

　このダンバートン＝オークス会議では，組織の主軸である「加盟国すべてが参加する総会」「安全保障理事会」「国際司法裁判所」「加盟国から選任される事務総長」の案件が取り決められました。侵略国と認定された国家への物理的強制措置（軍事行動）が必要となる事案は，安全保障理事会の管轄とされ，同理事会の構成数は常任理事国が五（米・英・ソ・中・仏），任期二年の非常任理事国が六となりました。常任理事国にフランス亡命政権を加えるよう要求したのは，英国です。国家としての存在が心もとなかった当時の中国を，体裁を整えるために推す米国に対抗したのでした。

　かつての国際連盟が，第二次世界大戦を防ぐ役割を果たせなかったとの反省から，国連軍（United Nations Forces）という独自の軍事組織が国連憲章にうたわれました。ただし，一度も編成されたことは無く，代わって安全保障理事会の決議を経た多国籍軍や，国連平和維持活動の任務に従事する軍隊が組織されています。■

4

公正取引委員会が，世論の動向や米国の圧力を受け再販制度見直しに着手します。

石油危機を契機に日本は右肩上がりの経済成長が途絶えます。1970 年代，世の中が狂乱物価と金権政治で大きく揺れるなか，世論の動向に押されるかたちで，出版業界には部分再販と時限再販が導入されました。さらには米国から加えられる圧力を受け，公正取引委員会は独占禁止法の運用強化を図り，再販制度の全面的な見直しへと歩を進めます。

4.1. 高度経済成長後の石油危機

1960 年に池田勇人（いけだ はやと）首相は「国民所得倍増計画」を閣議決定，翌 1961 年からの十年間に，実質国民総生産を 26 兆円にまで倍増させる目標を掲げました。その後の日本経済は計画以上の成長を遂げていきます。白黒テレビ・電気式洗濯機・電気式冷蔵庫という三つの製品が「三種の神器」と呼ばれて普及。1964 年にはアジアで最初のオリンピックが東京で開かれ，この東京オリンピックに合わせて東京と大

阪を結ぶ東海道新幹線も開通しました。

1960年代後半，日本の経済環境が次第に整ってくるにつれ，日用ブランド品における再販制度の弊害が少しずつ指摘されるようになります。折しも公正取引委員会の指定手続を経ていない「ヤミ再販」が増大したのです。とくに大手家電メーカーが末端の小売店を系列化し，「現金正価」の名のもとに実売価格の拘束が行なわれていました。

当時は，上昇する物価の抑制が政策課題となっており，消費者保護の観点からも再販制度の濫用が問題視されました。その一方，1957年創業のダイエーが「よい品をどんどん安く」を理念に掲げて消費者の支持を集め，総合スーパーとして1970年代にかけて大きく発展します。

出版物では，文学全集や百科事典の販売にさいし過剰なリベートや海外旅行などの豪華景品を提示している事実が，1966年に指摘されます。公正取引委員会は，再販制度からセットものの除外を検討しました。これは，公正取引委員会が著作物再販制度の見直しを図った最初のケースです。翌1967年になって出版業界側から出された過大な報奨・景品を自粛する旨の声明を受け，公正取引委員会の北島武雄（きたじま たけお）委員長が「全集物を再販契約の対象外とはしない」と言明し，セットものの問題は収束しています。

1970年代になっても消費者物価の上昇が収まらないところへ，1973年10月，エジプトとシリアがイスラエルを奇襲攻撃して第四次中東戦争が勃発しました。アラブ石油輸出国機構（OAPEC）はイスラエルに与する米国など西側諸国に対して原油の輸出禁止を打ち出し，石油輸出国機構（OPEC）加盟のペルシャ湾岸六か国も原油値上げを発表。世界中に突発的な混乱が広がりました。**石油危機**（oil shock）です。

石油価格が一挙に四倍増と高騰するなか，時の田中角栄（たなか　かくえい）首相は中東政策を「親アラブ」へと大きく転換させるなど，石油供給量の確保に奔走します。しかしながら，「日本列島改造計画」を目玉にした経済政策が原因で，翌1974年になっても消費者物価は上昇を続け，インフレーションがさらに昂進したのでした。

1974年は，和暦で昭和49年。10月10日に，特集記事「田中角栄研究──その金脈と人脈」を掲載した，月刊雑誌『文藝春秋』11月号が発売されます。これが契機となって金脈問題がクローズアップされ，田中は翌11月に首相を辞任します。

カムバックの時期をうかがっていたところに，1976年2月，アメリカの連邦議会議事堂で開かれた上院外交委員会 多国籍企業小委員会の公聴会からロッキード事件が発覚します。軍産複合体の中核企業であるロッキード（Lockheed）社が，日本を始め外国への航空機売り込み工作で，政府高官や販売代理人などに不正な支払いをしていたという贈収賄事件です。

三木武夫（みき　たけお）首相が真相究明に積極的に動くなか，1976年7月に田中は東京地検特捜部に逮捕され，8月に受託収賄罪と外為法違反で起訴されます。一審，二審で懲役四年，追徴金5億円の実刑判決を受け，上告後の審理中，田中は1993年12月に75歳で死去。公訴棄却（審理打ち切り）となりました。

話を戻します。石油危機のさなか，公正取引委員会が踏み込んだのが，1974年の**石油ヤミカルテル事件**です。委員長の高橋俊英（たかはし　としひで）が，便乗カルテルを繰り返す石油元売り会社に対し，違反行為を速やかに止めるよう排除措置命令を出したのです。

しかしながら効果がみられず，金権政治と狂乱物価に対する庶民の怨嗟が渦巻くなか，厳正対処を求める世論にも押されて，ついに 1974 年 2 月，石油元売り会社や役職員に対し独占禁止法第 96 条に基づく告発権を発動します。これを受けた検察庁は，生産調整と価格カルテルについて起訴したのでした。公正取引委員会の創設後初めて，犯罪行為として刑事裁判が行なわれる次第となりました。

4.2. 部分再販と時限再販の導入

出版業界に対しても公正取引委員会は踏み込みました。再販制度の運用において，業界内部での共同実施が強調されていること，すべての出版物が再販対象と義務付けられていることなどが，公正取引委員会の調査で判明し，疑義が出されたからです。1978 年 10 月には，当時の委員長・橋口収（はしぐち おさむ）が，再販制度を全廃する方向で独占禁止法の改正を目指すと記者会見で発言，出版業界の耳目を集めました。石油危機を受け，出版業界では用紙供給の窮迫に端を発して，便乗値上げも頻発していました。

　再販制度の見直し気運のなかで，著作物も一定の条件で法定再販から外す取り扱いが検討され，1980 年 10 月 1 日からは値引き販売のできる**非再版本**（「自由価格本」「バーゲンブック」ともいう）の出版が，公正取引委員会の行政指導により認められます。法定再販の商品であっても，一律に再販制度を前提とはしないと改められたのです。再販売価格維持契約励行委員会の名称から「励行」の二文字も削除されました。

非再販本とは，**部分再販**——すべてが自動的に再販商品となるのではなく，出版社の意思で一部の出版物を非再販にできること——と，**時限再販**——再販商品となった後でも，出版社の意思で一定の期限を過ぎた場合は非再販にできること——の措置による出版物です。ただし，こんにちにおいても主流となるまでには至っていません。

　また，再販商品である以上は，「定価」の文字を用いて価格を表示すべきとの行政指導が公正取引委員会からなされました。定価表示［章末の注記参照］の場所は，当初は出版物の「本体」と「奥付」の二箇所でしたが，その後の消費税［章末の注記参照］の導入に伴い，表示箇所は「本体」のみとなり，「奥付」は省かれるようになります。

　出版物「本体」への表示箇所は，書籍ではウラ表紙，雑誌は表一（オモテ表紙）か表四（ウラ表紙）です。カバー＝ジャケットが掛かる作りならばそのウラであり，辞書のように表紙が皮革や樹脂シートの場合には，本体を収める外函（そとばこ）の裏面となります。

　部分再販の出版物には，「定価」の文字ではなく「価格」を用います。時限再販の出版物では，定価表示とともに，「時」の文字を丸囲みした記号を用いて，価格拘束の期限を表示することとなりました。

4.3. 日米構造問題協議

時に 1988 年。対日貿易赤字に悩んでいたアメリカは，通商法第 301 条を強化する「包括通商・競争力強化法」を施行します。これは，不公正な貿易慣行や輸入障壁がある，もしくはあると疑われる国を「優先交

渉国」として特定し，米国通商代表部に交渉させて改善を要求し，三年以内に改善されない場合は，報復として関税引き上げを実施するという内容でした。国力を背景に，制裁をちらつかせて譲歩を迫る手法です。

明くる 1989 年 7 月の日米首脳会議で，ジョージ＝ブッシュ（George H.W. Bush, Sr.）大統領は宇野宗佑（うの そうすけ）首相に，日米貿易不均衡の是正を目的とする協議を提案，そのわずか二か月後の 9 月から**日米構造問題協議**が始まりました。

日本の市場の閉鎖性，いわゆる「非関税障壁」が米国の貿易赤字の主因であるとして，その撤廃などさまざまな規制緩和の要求が，米国側から日本に対してなされたのです。とりわけ「公共投資の拡大」「大規模小売店舗法の廃止」「独占禁止法の強化」といった項目が重視されました。

この日米構造問題協議は，計五次の協議を経て 1990 年 6 月に最終報告書がまとめられましたが，進展状況の点検のために 1990 年から 1992 年までは四回のフォローアップ会合が持たれました。

その後の日本に対する規制緩和や新制度の要求は，1994 年から 2008 年まで「日米規制改革及び競争政策イニシアティブに基づく要望書」（略称・「**年次改革要望書**」）で継続されます。アメリカの国益を利する要求が日本側に押し付けられており，「建築基準法の規制緩和」「法科大学院の設置」「著作権の保護期間の延長や著作権の強化」「裁判員制度を始めとする司法制度改革」「独占禁止法の強化と運用の厳格化」「労働者派遣事業の規制緩和」「郵政民営化」などが，ことごとく実現しています。

先の石油ヤミカルテル事件は，長い裁判を経て一部が東京高裁（1980 年 9 月）や最高裁（1984 年 2 月）で無罪となります。勢い余って告発

権という伝家の宝刀を抜いたものの，その切れ味は存外に鈍かった現実を悟り，公正取引委員会はその後に刑事告発をしなくなります。

　しかしながら，1990年代になると日米構造問題協議に始まる「外圧（がいあつ）」——政策変更や新規政策の実施を求めて，外国から加えられる圧力——を追い風として，再び独占禁止法の運用強化の方向に大きく舵を切っていくのです。

　再販制度についても，その再検討を試みます。一時は「吠えない番犬」とまで揶揄された公正取引委員会ですが，指定再販の制度全廃を断行し著作物法定再販の見直しにも手を着けるなど，1990年代には公的規制の全般にメスを入れて競争政策を推進させるべく，その権限を強めていきます。

　ところで，日米構造問題協議が始まるのは1989年9月。実は，それより十五年前の1974年9月のこと。公正取引委員会が一つずつ指定して認められる，日用ブランド品を対象とした指定再販制度は，届け出が低調なものからの品目削減（第一次縮小）が，早くも実施されたのでした。指定再販制度は最終的に1997年3月末で廃止に至るのですが，次の第5章では，そこまでの経緯について言及します。■

4注記 定価表示と消費税

消費税は，物品購入やサービス受容など，すべての消費に対して課せられる税金です。消費税法（昭和63［1988］年12月30日法律第108号）の制定により，1989年4月1日から「税率3％」での課税が新たに開始されました。出版業界でも，これ以降に発行される書籍・雑誌には，消費税に対応した価格での表示が求められる次第となったのです。

　当初の消費税3％は「消費税込み総額表示（内税方式）」（以下「**総額表示**」）で示すよう，公正取引委員会からの行政指導がありました。出版物の「本体」と「奥付」の二箇所に定価を印刷表示していた出版業界は大混乱に陥ったのです。

　旧定価本を消費税込みの「総額表示」へ移行させるには，定価シールの貼付やカバー＝ジャケットの刷り直しで対処しなければなりません。移行作業のために小売書店や取次会社の抱える流通在庫は出版社に向けた回収や返品が実施され，書店の店頭では差し替え対応がなされるといったように，商品の総入れ替えが大々的に行なわれました。

　出版社が価格表示の責任を負うとされているものの，採算が合わないとして少部数の専門書を中心に絶版が相次ぎ，表示変更のコストを負いきれないとして，一部では端数を切り上げた便乗値上げも横行しました。

こうした大混乱のなかで，将来の税率変更を懸念して，大半の出版社が「奥付」への定価表示を見合わせるようになったのです。消費税が新たに導入されてからは，事実上，出版物「本体」のみの定価表示となりました。

　危惧していたとおり，1997 年 4 月になって消費税の 3 ％は「税率 5 ％」へと再び引き上げられました。この税率引き上げに伴い，出版業界では出版物「本体」への定価表示が，「総額表示」から「消費税抜き本体価格（外税方式）」（以下「**本体価格表示**」）に変更となったのです。消費税を含まない「本体価格表示」は，次のいずれかで示す運びとなりました。

　　定価：本体 1,000 円(税別)　　　定価（本体 1,000 円＋税）

　　定価：本体 1,000 円＋税　　　　定価：本体 1,000 円＋税

ところが 5 ％に引き上げられた七年後に消費税法が改正され，2004 年 4 月からは「総額表示」方式の義務化が決まったのです。このとき，日本書籍出版協会・日本雑誌協会・日本出版取次協会・日本書店商業組合連合会の出版業界四団体は，財務省など関係省庁との折衝を重ね，かつての税率 3 ％での新規導入時の大混乱を勘案して，「総額表示」はできるだけ手間と費用の掛からない方法で実施するとの取り決めがなされました。

　以上の経緯から，税率 5 ％になって始まった「本体価格表示」がそのまま継続され，ページは開かずに現品を一見して判別できるよう，どこか一箇所でも「総額表示」があれば有効となったのです。

出版業界側が推奨したのは，スリップの上部突起である「ぼうず」の箇所でした。

　スリップ（slip）とは，二つ折りにした細長い紙片です。書店における売上計算と補充注文の用途で用いられてきました。

　出版社が作成し書籍に挟み込んで出荷するのですが，書店での売り上げに伴い書店員の手で引き抜かれるので，客のほうには渡りません。店頭で引っ張りやすいように，山折りの上部に半円形の切り込みを突出させており，この半円の部分が俗に「**ぼうず**（坊主の語に由来）」と呼ばれているのです。

　スリップの二つ折りの片側は「**売上カード**」，もう片側が「**補充注文カード**」となっており，通常は「補充注文カード」側が若干長くなっているので，こちらの面に「ぼうず」は現れます。この「ぼうず」のところに，「総額表示」と税率とを併せて表示する手配（てくばり）が選奨されたのでした。

　実は，2014 年 4 月に実施が予定されていた，5 ％から「税率 8 ％」への三度（みたび）の引き上げを控えて，多くの流通団体が「本体価格表示」を要望したために，**消費税転嫁対策特別措置法**（平成 25 [2013] 年法律第 41 号，正式名称「消費税の円滑かつ適正な転嫁の確保のための消費税の転嫁を阻害する行為の是正等に関する特別措置法」）が新たに成立します。2013 年 10 月 1 日から 2021 年 3 月 31 日までの時限立法なのですが，この法律により「総額表示」方式は，「義務」から「任意」となったのでした。

出版業界でも「ぼうず」への「総額表示」は「任意」となり，従来どおりの「本体価格表示」がそのまま継続されました。

　この間（かん），スリップの役割が著しく低下した事実を付記しておきます。スリップの「売上カード」は，書店側が当日の売上を手計算で集計するときに用いられていました。ところが，カバー＝ジャケットに価格データを含んだバーコード＝シンボルが印字され，書店の店頭でも POS システムを備えてバーコード＝シンボルをスキャナで読み取るようになると，売上計算が機械化されて「売上カード」は不要となります。

　他方の「補充注文カード」は，取次会社の営業担当者に渡すなどして注文品の発注用途に使っていたのですが，ほどなく取次会社や一部の出版社が構築した，オンラインでのウェブ受注サービスのシステムを多用するようになったのです。急ぎであれば，電話やファクシミリで注文内容を伝えました。こうして「補充注文カード」の必要性も薄れていくなか，最初からスリップを挿入せずに出荷する「スリップレス」の出版社も現れました。

　その後の 2019 年 10 月に，8 ％を「税率 10％」とする四度目の引き上げが，二度の延期を経て実施されました。このとき，飲食料品（外食と酒類は除く）と定期購読の新聞（週 2 回以上発行）は，税率を 8 ％に据え置く「軽減税率」が適用されています。書籍・雑誌にも「出版文化に軽減税率適用を求める有識者会議」が提言を発表して軽減税率の適用を求めましたが，叶いませんでした。

さて，2021年3月末に，時限立法だった消費税転嫁対策特別措置法が失効しました。「総額表示」は例外なく義務化される運びとなったのです。消費者が明確に価格を認識できるよう，次のような表示方法が案内されています。

定価：1,100円(税込)　　定価：1,100円(税抜価格1,000円)
定価：1,100円(税100円)　定価：1,100円(本体1,000円)⑩
定価：1,100円(本体1,000円＋税10％)

出版物では，どこか一箇所でも「総額表示」があれば有効なので，かつて提案されたスリップの「ぼうず」の箇所に，「総額表示」と税率とを併せて表示する処置が推奨されています。半円形のスペースに，「定価1,100円 税10％」あるいは「定価1,100円 ⑩」などと印字する表示方法です。

　スリップレスで出荷する出版社に対しては，栞（しおり）相当の紙片を挟み込み，その上部に「総額表示」と税率を印字して，出版物の天からはみ出させるという新機軸が提案されています。

　消費税込みの「総額表示」は，店頭販売は無論のこと，新聞広告・販売目録・ホームページなど，「不特定かつ多数」に向けて出版物を販売するさいに生じる義務です。逆に言えば，外商（がいしょう，店頭を通さず個人や法人のところに直接出向いて行なう販売取引）による図書館や学校へのセールスのように，「特定かつ少数」「不特定かつ少数」「特定かつ多数」の場合には，「総額表示」の義務は生じません。■

5 日用ブランド品に対する指定再販制度は，1997年3月で事実上の廃止となります。

公正取引委員会が一つずつ指定して認められる，日用ブランド品を対象とした指定再販制度は，第一次縮小，第二次縮小と品目が減らされていき，ついに 1997 年 3 月，残っていた大衆医薬品と化粧品の指定を取り消して事実上の廃止となります。指定再販の全廃が完了したのは，株式相場や不動産投資に依存した「バブル景気」崩壊後の出来事でした。

5.1. 指定再販の第一次縮小

指定再販制度の日用ブランド品は，独占禁止法の「1953 年の大改正」を受けて，1953 年から 1959 年までに九品目が指定されたのですが，当初の届け出は全般に低調で，銘柄数はさほど増えてはいきませんでした。その理由として考えられるのは，ほとんどが横並び体質の業界にあって，一社単独での先行実施に強い抵抗感があったこと，価格拘束には末端の小売店に至るまでの流通経路を把握しなければならないわけです

70

が，その明確化に時間を要したことです。

ただし，1960年代後半からは，日本経済の立ち直りを反映して指定再販制度を採択するメーカーが激増していきます。それにともない制度じたいの是非や「ヤミ再販」の取り締まりをめぐる議論も活発化しました。とりわけ，物価上昇の一因として再販制度の存在が取り沙汰されるようになり，見直しに注目が集まりました。

まず，指定再販とされたものの，あまり実施されていなかった，「雑酒」「キャラメル」「既製エリ付ワイシャツ」の指定が1966年に取り消され，「写真機」については海外旅行者向け免税カメラのみに限定されます。さらに「写真機」は1971年になって全面取り消しとなります。1973年には，「大衆医薬品」と「化粧品」の二品目だけを残して他はすべて廃止の方針を決め，翌1974年9月から実施されました（**第一次指定再販縮小**）。

1980年時点での指定再販商品は，大衆医薬品と化粧品の二品目のみ。その内訳は，大衆医薬品が26銘柄，化粧品が24銘柄でした。

細目は，大衆医薬品が「解熱鎮痛剤」「鎮暈剤」「総合感冒剤」「鎮痙剤」「眼科用剤」「耳鼻科用剤」「抗ヒスタミン剤」「強心剤」「動脈硬化用剤」「鎮咳去痰剤」「歯科口腔用剤」「消化性潰瘍用剤」「健胃消化剤」「下痢・浣腸剤」「整腸剤」「総合胃腸剤」「痔疾用剤」「外皮用殺菌消毒剤」「創傷保護剤」「化膿性疾患用剤」「鎮痛・鎮痒・収斂・消炎剤」「寄生性皮膚疾患用剤」「その他の外皮用薬」「混合ビタミン剤」「総合代謝性製剤」「駆虫剤」の26銘柄。

化粧品の細目は，「香水」「オーデコロン」「シャンプー」「養毛剤（リンスを含む）」「整髪料」「ヘアラッカー」「染毛料」「クリーム」「ファン

デーション」「化粧水」「白粉・化粧粉」「口紅」「リップクリーム」「ほほ紅」「眼用化粧品」「まゆ墨」「まつげ化粧料」「つめ化粧料」「パック剤」「日焼け止め化粧品」「脱毛剤」「化粧用油」「ひげそり用化粧料」「はだ洗粉」の 24 銘柄です（養毛料に含まれるリンスを 1 銘柄に数えると 25 銘柄）。

　なお，下線を付した銘柄は，次節で述べる第二次の指定再販縮小で指定取り消しとなります。

5.2. 指定再販の第二次縮小

さて，公正取引委員会は，1988 年 7 月に諮問（しもん）機関として「（第一次）政府規制等と競争政策に関する研究会（略称・**第一次規制研**）」（座長・鶴田俊正）を発足させ，公的規制の見直し検討に着手します。時の公正取引委員会の委員長は梅澤節男（うめざわ せつお）。

　諮問機関とは，行政庁の意思決定に先立ち，専門的見解を学識経験者などから聴取する場です。行政庁が政治上の重要事項の決定や問題解決の方法などを問い合わせると，諮問機関側はこれに応え，審議のうえで当該事案に対する見解を述べた報告書を提出します。

　1991 年 1 月には，この第一次規制研の下位に「**独占禁止法適用除外制度小委員会**」（委員長・金子晃）を設けました。この小委員会が，適用除外制度全般についての見直しを審議し，その結果を 1991 年 7 月に報告書として答申したのです。

　報告書では，指定再販で残っている大衆医薬品と化粧品に関して，その指定取り消しを陳述しています。法定再販については，①新聞は，新

聞発行本社のあいだでの価格競争が必ずしも十分とは言いがたい，②音楽CD・音楽テープ・音楽レコード盤は，先進国の例をみても再販制度の対象になっていない，③書籍・雑誌は，部分再版・時限再販を実施しようとする出版社に対して圧力行為があれば厳正に対処すべき，などと述べています。

　この報告書を受けて公正取引委員会は翌1992年4月，①大衆医薬品と化粧品の指定再販は，段階的にすべてを取り消す方向で検討する，②法定再販の著作物は，定義が曖昧で法的根拠が乏しいことから，その範囲を明確にするために立法措置による対応を含めて検討に入る，との見解を公表します。また，著作物の音楽CDについて，発売後二年を経過した銘柄は小売業者が自由な価格で販売できる時限再販とする仕組みを1992年11月から導入しました。

　指定再販の段階的廃止に向けて公正取引委員会は，①少数メーカーによる市場占有率が極めて高く価格拘束の弊害が大きい商品と，②年間の出荷額が小さく販売価格を自由化しても中小メーカーや小売店への影響が少ないとみられる商品という，二点を勘案しました。流通秩序に不測の混乱を招かないよう案配したのです。

　1993年3月末までに，「鎮暈剤」「鎮痙剤」など大衆医薬品10銘柄と，「香水」「（養毛剤のうち）リンス」など化粧品13銘柄を，指定再販から外しました（削減されたのは，前ページのリストで下線を付した銘柄です）。

　1994年12月末までには，「混合ビタミン剤」と「総合代謝性製剤（いわゆる栄養ドリンク剤）」の大衆医薬品2銘柄を，遅れて指定再販から外しました。この2銘柄の指定取り消しが延びたのは，中小零細小売店

がこれらの販売に依存している割合の大きい点を考慮したためです。

　これによって対象商品は削減され，指定再販で残っているのは，大衆医薬品 14 銘柄と化粧品 12 銘柄となりました（**第二次指定再販縮小**）。

5.3. 指定再販の事実上の全廃

こうした公正取引委員会の動きをさらに後押ししたのが，第三次臨時行政改革推進審議会（略称・第三次行革審）です。

　行政改革とは，行政組織の在り方を見直し，行財政運営の適正化と効率化を図る取り組みです。その目的を掲げて，歴代内閣のもとに調査会や審議会が幾度となく設営されて，検討が行なわれてきました。

　第三次行革審は，海部俊樹（かいふ　としき）内閣時代の 1990 年 7 月に発足。鈴木永二（すずき　えいじ）会長のもと「豊かなくらし部会」「世界のなかの日本部会」「公正・透明な行政手続部会」という三部会が設けられました。1992 年 6 月，その「豊かなくらし部会」が消費者重視の行政を実現するために，再販制度の指定再販を来たる 1998 年までに全廃するという方針を打ち出し，公正取引委員会にお墨付きを与えたのです。

　ここまでは，再販制度の見直しといっても，その対象は指定再販の廃止で，法定再販の著作物については音楽 CD での時限再販導入と，著作物の範囲の見直し検討が示されただけでした。ところが，1993 年になると，政局が大きな転換点を迎えて地殻変動が起こります。1955 年以来続いてきた事実上の自民党単独政権が終わりを告げ，1993 年 8 月に

社会党・公明党・新生党・日本新党・民社党・新党さきがけ・民主改革連合・社会民主連合という，八つの政党・会派が連立を組んだ細川護熙（ほそかわ　もりひろ）内閣が誕生したのです。この連立政権は，共産党を除外した当時の野党八党派が，日本新党の細川党首を神輿にかついで，「反自民」と「政治改革」を共通の旗印に大同団結したのでした。これを契機に，指定再販だけでなく，著作物の法定再販についても一歩踏み込んだ見直しに向けて，具体的に動き出していきます。

　1993年10月，第三次行革審が「行政改革推進本部」を内閣に設置するよう提言。これを受けて，翌1994年1月に細川首相はみずからを本部長とする行政改革推進本部を設置，すべての閣僚に公正取引委員会の委員長を加えたメンバー構成で，規制緩和などに精力的に取り組む運びとなります。

　ところが，細川内閣は政治資金規正法の違反疑惑で総辞職に追い込まれ，代わった羽田孜（はた　つとむ）内閣も短命に終わり，その後に社会党の村山富市（むらやま　とみいち）委員長を首班とする三党連立政権がスタートするなど，政局はバタバタと混乱をきたします。

　ただし，規制緩和推進の政策は細川内閣を引き継いだ内閣にも踏襲されます。行政改革推進本部は279項目の規制緩和策を決め，そのなかに「再販制度については1998年末までに，医薬品と化粧品の指定品目をすべて取り消し，著作物も範囲を限定・明確化する」という方針が盛り込まれました。

　村山内閣は，発足直前の1994年6月に決定されていた，行政改革推進本部の規制緩和策をそのまま閣議決定。規制緩和策の実施スケジュールを示す「規制緩和推進五カ年計画」についても翌1995年3月に閣議

決定します。このとき，五か年計画が三か年に前倒しされ，「1998 年
末までに」という期限は「1997 年度末までに」と繰り上がりました。

　こうして 1997 年 3 月，公正取引委員会は，指定再販商品として残っ
ていた大衆医薬品（14 銘柄）及び化粧品（12 銘柄）に関しての指定を，
すべて取り消します。これにより——法律条文としては残っているもの
の——指定再販の制度そのものが 1997 年 3 月末日で事実上の廃止とな
ったのです。当初は 1998 年中に廃止予定だったのですが，繰り上がっ
て実施されたのでした。■

5 注記 バブル崩壊後の出版不況

1985年9月のプラザ合意——先進五か国（米・英・西独・仏・日）の蔵相・中央銀行総裁会議により発表された，為替レート安定化に関する合意の通称。とりわけ米国の対日貿易赤字が顕著だったため，協調介入によりドル高を是正する内容だった——を契機として，為替レートは実質的に円高ドル安へと誘導されました。

日本の輸出企業，とくに当時の主力産業とされた鉄鋼・造船などの製造業は，国内生産を海外での現地生産に切り替えたり，部品調達を海外から行なったりといった対策を取りました。日本銀行は景気を下支えするために公定歩合の引き下げに踏み切ります。国の政策金利が，当時としては戦後最低となる2.5％まで引き下げられて，融資を受けやすい環境が整ったのです。

1987年2月，二年前に民営化して発足したNTTが，株式市場に上場されました。この株価が二か月で三倍近い値（ね）を付けたので株式相場ブームがにわかに起こり，大手企業は銀行を介さずに株式の発行で資金調達ができるようになります。本業以外で収益を増やそうと，有価証券運用に注力する「財テク」という言葉も流行しました。

融資の伸び悩んだ民間の銀行が，中小企業に対して不動産を担保とする貸し付けを急増させていったので，土地への投資が拡大し，地価高騰を引き起こすようになります。上場企業も，余剰資金や保

有している土地などを活用して，実需を離れた土地取得に走りました。上昇期待に乗って利益を獲得すべく，資金を借り入れてまで土地投機にのめり込む法人もあったのです。

　株や土地の資産価値が上昇した機を捉えて，富裕層を中心に高額消費が拡大していき，次第に一般の消費活動も活性化して——後に「バブル景気」と呼ばれる——著しい好景気が到来したのでした。

　1989年1月7日，昭和天皇が崩御され，和暦は「平成」に改元されます。その平成元年末の12月29日，一年の株式売買を締め括る大納会で，日経平均株価は3万8,915円まで上昇。最高値（さいたかね）を更新して一年の取引を終えたのでした。バブル景気の象徴として語り継がれています。

　しかしながら，翌1990年から日経平均株価は急落。10月には一時2万円を割り込むなどの落ち込みをみせます。1992年夏には1万4,000円台まで下がり，わずか二年半で下落率は6割を超えたのです。

　この暴落の理由は定かではありません。おそらくは，1989年から日本銀行が公定歩合を引き上げ始め，最終的には6％にまで達した政策金利が一因と考えられています。

　土地価格は，当時の東京23区の地価が全米の地価を上回っているという算出結果が出るほどだったのですが，その高騰を抑えるために1990年3月，政府は「総量規制」という歯止めを掛けます。銀行などに対し，不動産向けの融資の割合に上限を設けるよう指示

したのです。これを機に，1992年には土地の価格が全国的に下がり始めました。

地価の下落は予想以上のダメージを経済に与えました。値上がりを前提とする不動産融資が，土地価格の下落——すなわち，担保価値の低下——で貸し出した資金を回収できなくなり，銀行は「不良債権」を大量に抱える羽目になったのです。銀行や証券会社が破綻する事例も生まれました。過剰な設備投資や雇用拡大を急いだ企業は，経営に行き詰まり倒産が相次いだのです。

バブル景気が崩壊した1990年代初頭は，本文で述べたように，政権も転々として混迷を極めていました。1993年から2005年までの有効求人倍率は1を下回り，この時期の高校や大学の新卒者は——後に「就職氷河期」と呼ばれたように——困難な就職活動を強いられ，非正規雇用労働に就く者が否応なく増加しました。卒業生の30％近くが進路未定（一時的な職に就く例を含む）となる事態だったのです。

日本は，その後も長期にわたって経済のデフレーション傾向が強まり，和暦である「平成」のほぼ三十年間を通して，経済成長は停滞し続けたのです。「少子高齢化」「非正規雇用労働」「ひきこもり」「経済格差」「産業別の構造不況」といった新たな社会問題が広がっていったのでした。

出版業界はといえば，戦後一貫して右肩上がりの売上実績が続き，1976年に1兆円を超え，1989年には2兆円に達していました。

　日本の出版物の流通は，書籍と雑誌を同一のルートで扱うという，他の国ではほとんど見られない形態を取っています。この日本型出版流通システムは，昭和期の初めに生成されました。それまでは，書籍と雑誌の流通経路は完全に別系統だったところに，雑誌小売店のルートに書籍を乗せて売るという，販売網の一本化が形づくられたのです。

　雑誌（コミックスを含む）は，商品回転率が速く大量販売が可能な媒体ゆえ，この雑誌の生み出す収益によって，多種少量生産である書籍の流通は保持されてきました。気圧配置になぞらえて「雑高書低」と長らくいわれてきた市場構造が，産業を支えてきたのです。

　しかしながら，出版業界は1990年代に大きな転換点を迎えます。バブル景気の崩壊と時期を同じくして生産年齢人口がピークアウトし，人口構造の少子高齢化が鮮明になり，頼みとしていたコミック誌の売上が落ち込み始めました。

　さらには，1990年代後半からインターネットが飛躍的に普及し，2010年代にはスマートフォンを幅広い年齢層が受け入れると，ネット経由でモバイル端末機に配信されるデジタル＝コンテンツが多岐にわたって創出され，可処分時間を奪い合うこととなりました。旧来の雑誌・コミックス市場は急速に縮小していったのです。

　結果として，出版業界の書籍と雑誌を合わせた販売総額は，1996年の2兆6,563億円でピークを打ちました。以後ほぼ前年割れが続いており，2009年は2兆円を割り込んでの長期の低落傾向

となって，出版不況といわれる状態が続いています。

　かかる長いマイナス成長の時節でも，出版業界はさまざまな試行錯誤を続けています。読書推進運動もその一つで，市区町村事業の「ブックスタート」，小中高校での「朝の読書」，大学生協の「読書マラソン」，朝の読書の家庭版「家読（うちどく）」などを応援しています。立法措置にも尽力し，「子どもの読書活動の推進に関する法律（平成13［2001］年12月12日法律第154号）」や「文字・活字文化振興法（平成17［2005］年7月29日法律第91号）」の制定に関わりました。また，書籍紹介ゲームの「ビブリオバトル」，本好きが集まる「ブッククラブ」，国内外著名人による「読み聞かせプロジェクト」といった取り組みを守り立てており，さらには読書ステイが可能な本棚のある宿泊施設の設営についても後押ししています。電子書籍などのデジタル戦略に持てる力を注ぐ一方，「紙の本」の販路にも心を砕いているのです。■

6 法定再販は，公正取引委員会と関係業界とで，1990年代に大論戦となります。

指定再販全廃に続き，公正取引委員会は法定再販の著作物についても廃止に向けたアクションを1990年代に起こします。これに対して出版業界・新聞業界・音楽業界はスクラムを組んで再販制度の堅持を主張し続けました。最終的には再販制度「当面存置」の結論を引き出すのですが，1990年代を通じてなされた，両者の長い攻防の道のりをたどります。

6.1. 再販制度の見直しに着手

実は，公正取引委員会は1992年11月に音楽CDに時限再販を導入したあと，1993年2月から著作物六品目に関する流通実態調査を開始，再販制度廃止に向けた布石を打ち始めていました。実態調査を踏まえ，数年後には独占禁止法を改正し，著作物のうち再販制度を認める商品を条文に書き込む計画を抱いていたのです（実態調査の報告書は1995年7月に公表されます）。

1994年9月には公正取引委員会の諮問機関である「(第二次)政府規制等と競争政策に関する研究会(略称・**第二次規制研**)」(座長・鶴田俊正)のもとに,今度は「**再販問題検討小委員会**」(委員長・金子晃)を設置して,再販制度が認められる著作物の範囲についての審議を開始します。このときの公正取引委員会の委員長は小粥正巳(こがゆ まさみ)。委員長の交代で新たな諮問機関が立ち上がり,小委員会が設けられたのでした。

この小委員会は,明くる1995年7月に中間報告書を答申。報告書では,再販制度の存続する合理的理由が見出せないうえに,競争を抑制して価格設定の硬直化や非効率な取引慣行の助長につながっている懸念を指摘し,再販制度じたいの廃止を示唆する内容となっていました。

こうした公正取引委員会の動きと並行して,1994年12月に発足した「行政改革委員会」(座長・飯田庸太郎)の場でも再販制度の見直しが検討の対象となります。この委員会は,行政改革の進捗状況を監視するための第三者機関で,細川内閣時代の閣議決定を受けて設置されました。毎年の末に一年間の進捗状況をチェックし,報告書にまとめて次年度の政策に反映させるのが狙いです。

再販制度の見直しを検討したのは,この行政改革委員会のなかに1995年4月に設置された「**規制緩和小委員会**」(委員長・宮内義彦)でした。この小委員会は,1995年12月に最初の年末報告書を発表,著作物の再販制度については「認めるためには相当の特別な理由が必要であり,その妥当性について,引き続き検討課題として議論を深めていくこととする。公正取引委員会でも検討をさらに進めることを求める」とし,公正取引委員会を側面から支援しました。

著作物再販制度の見直し議論を強く牽引していたのは,上記の二つの

小委員会でした。一つは，公正取引委員会が諮問した第二次規制研の下部組織である「再販問題検討小委員会」であり，もう一つが，内閣直属の行政改革委員会の下部組織「規制緩和小委員会」です。

　ところが，村山首相が1996年1月に突如辞任，自民党の橋本龍太郎（はしもと　りゅうたろう）内閣が発足すると，これを機に潮目がまた変わっていきます。自民党政権の誕生に意を強くしたのか，それとも指定再販の全廃を目の当たりにして規制緩和の流れの速さに危機感を強めたのか，新聞業界が再販制度の廃止反対キャンペーンを紙面をふんだんに使って開始したのです。

6.2. 新聞の再販廃止反対キャンペーン

再販制度維持に向けて関係業界が活動を開始したのは，第二次規制研のもとに再販問題検討小委員会が設置された1994年9月ころからでした。最初のうちは，文部省・文化庁，日本書籍出版協会・日本雑誌協会，日本新聞協会で構成する「活字文化に関する懇談会」（1995年4月に発足）の場で，活字文化を支える再販制度の維持をアピールするなど，やや控え目な行動が主でした。

　しかしながら再販問題検討小委員会が1995年7月に中間報告書を発表するや，新聞業界の反対運動が突出します。新聞紙面には再販制度の継続を求める記事ばかりが載り，廃止を求める声はかき消されます。ほとんどのテレビ局は大手新聞社と資本関係があり，系列化しています。書籍や雑誌の出版社も利害が一致しています。大手マスコミがこぞって

反対の立場になると，再販制度の廃止を支持する意見は誰の目にも触れなくなり，世論の風向きも変わっていってしまうのでした。

1996年6月5日には，国会の場で日本新聞協会としての意見表明を行ないます。衆議院規制緩和特別委員会で，日本新聞協会の再販対策特別委員長である渡邉恒雄（わたなべ つねお）読売新聞社社長が，参考人質疑に応じました。

このとき，再販制度の廃止派である三人の学識経験者を名指しで批判したのです。槍玉に挙がったのは，第二次規制研座長の鶴田俊正（つるた としまさ）専修大学教授，再販問題検討小委員会委員長の金子晃（かねこ あきら）慶応大学教授，再販問題検討小委員会と行革委の規制緩和小委員会メンバーの三輪芳朗（みわ よしろう）東京大学教授です。いずれも競争政策の第一人者なのですが，国会の場で批判されたことで，「活字文化や言論の自由に理解の無い学者」といった，あらぬ風評が独り歩きするようになり，周囲から距離を置かれてしまいます。

沈黙を守っていた橋本首相も，6月12日の日本新聞協会総会の挨拶で「日本中どこでも同一料金で情報入手できるのは，一つの重要な視点ではないか」と述べ，著作物の再販制度存続に前向きな姿勢を明確にしたのでした。

6.3. 後退する公正取引委員会

こうした状況になってくると，公正取引委員会の論調も気勢を削がれて後ずさりしていきます。1996年10月，公正取引委員会は再販制度の

議論を，再販問題検討小委員会から上位組織である第二次規制研へと差し戻す決定を下します。

　第二次規制研に「再販問題を検討するための」という文言が追加され，1997 年 1 月に「再販問題を検討するための政府規制等と競争政策に関する研究会（略称・**再販規制研**）」（座長・鶴田俊正）と改称して発足，再販制度の問題に特化したかたちでの審議がなされる次第となりました。新たに公正取引委員会の委員長となった根來泰周(ねごろ　やすちか)は「これから一年かけて（再販規制研である）鶴田研究会で検討してもらう」と発言，その真意は結論先送りだったのです。

　公正取引委員会の後退ぶりに同調するように，行政改革委員会の門下にある規制緩和小委員会がまとめた，1996 年 12 月の二度目の年末報告書でも，その主張をトーンダウンさせていきます。再販制度についてはさらに広く国民の議論を深めつつ，検討していく必要があるなどと陳述するに留めたのです。

　新聞業界のキャンペーンは続きました。1997 年 4 月に，再販制度を擁護する学者らに依頼してまとめた報告書「新聞再販制度の見直しは必要か——憲法的視点と『中間報告』の問題点」を発表。再販制度護持の手綱をよりいっそう締め上げたのでした。

　1997 年 12 月，規制緩和小委員会がまとめた，最終となる年末報告書では，再販問題について両論併記とし，当面は存続という方向性を示唆しました。ここでは「再販制度を維持すべき相当な特別の理由があるとする十分な根拠は見出せなかった」とする一方で，「再販制度は文化の振興・普及に大きな役割を果たしてきた」と文化的な意義を認め，今後は広く国民の議論を深めるよう求めました。

公正取引委員会の諮問機関である再販規制研も，越年したとはいえ，1998 年 1 月に最終報告書を答申。いわく，「競争政策の観点から基本的に廃止の方向で検討されるべき」としながらも，やはり「文化的・公共的な観点からただちに廃止することには問題がある」と指摘して，結論先送りを容認したのです。

6.4. 「1998 年見解」と六項目要請

再販規制研の答申を受けて，公正取引委員会は 1998 年 3 月，「著作物再販制度の取扱いについて」（以下「**1998年見解**」）を公表，著作物再販制度については引き続き検討を行なうこととし，制度じたいの存廃に関する結論は，一定期間（三年間）の経過後に得るのが妥当との見解を示しました。

　このときは，存廃の結論を先送りして継続審議とするとともに，再販規制研で指摘された各種の弊害について積極的に是正を図るべく，関係業界に次のような六項目の是正措置を要請しました。

　①時限再販・部分再販など再販制度の運用の弾力化

　②各種の割引制度の導入など価格設定の多様化

　③再販制度の利用・様態についての発行者の自主性の確保

　④サービス券の提供など，小売業者の消費者に対する販売促進手段の確保

　⑤通信販売・直販など，流通ルートの多様化及びこれに対応した価格設定の多様化

⑥円滑・合理的な流通を図るための取引関係の明確化・透明化その他
　取引慣行上の弊害の是正

これら六項目の是正要請は，再販制度を適用除外として規定している，独占禁止法第 23 条第 1 項の「但し書き」に基づくものです。いわく「ただし，当該行為が一般消費者の利益を不当に害することとなる場合及びその商品を販売する事業者がする行為にあつてはその商品を生産する事業者の意に反してする場合は，この限りではない」とあります。この「但し書き」でいう「当該行為」は，再販制度を指しています。

　上記六項目の是正措置のうち，②，④，⑤，⑥は「但し書き」の前段部分に依拠しています。硬直的・抑圧的な制度運用で消費者利益を害さないよう，価格設定や付随サービスの多様化，新しい流通ルートの確立や取引慣行上の弊害の是正といった措置を求めているのです。

　六項目の①と③は「但し書き」後段に基づく措置です。再販制度は出版社など発行事業者の自由意思によって，自主的に行なわれるべき点を強調しています。

　この「1998 年見解」の公表後も，公正取引委員会は出版業界・新聞業界・音楽業界とのあいだで数回にわたる「再販対話」を開催し，併せて著作物再販制度の見直しについて関係事業者や国民各層から広く意見を募りました。三年後の結論に向けた検討が続いていたのです。■

7 著作物六品目に対する法定再販の制度は，2001年に「当面存置」の結論を得ます。

著作物再販制度は，およそ十年の長きにわたる論争を経て，2001 年に「当面存置」の結論を得ます。その後に「当面」の文言が外れ「存置」され続けるとの言質が与えられました。このさなか，出版物のポイント＝サービスは「値引き販売」なのか，それとも「景品付き販売」かの論争が起き，それは再販制度の運用弾力化の一端との決着となりました。

7.1. 「当面存置」という「2001年結論」

侃諤（かんがく）の論を経て，最終的に 2001 年 3 月 23 日，公正取引委員会（委員長・根來泰周）は著作物六品目（書籍・雑誌・新聞・音楽CD・音楽テープ・音楽レコード盤）の再販制度を，当面のあいだは存置させるとの結論を出したのです。ほぼ十年の長きにわたって業界を揺るがしてきた，著作物再販制度の存廃論争に，終止符が打たれました。

　発表資料「著作物再販制度の取扱いについて」（以下「**2001年結論**」）

によれば，著作物再販制度は廃止されるべきと考えるものの，「同制度が廃止されると，書籍・雑誌及び音楽用 CD 等の発行企画の多様性が失われ，また，新聞の戸別配達制度が衰退し，国民の知る権利を阻害する可能性があるなど，文化・公共面での影響が生じるおそれがある」といった国民各層から寄せられた反対意見も多く，独占禁止法を改正するための国民的な合意形成には至っていない状況にあるので，対象となる著作物を六品目に限定運用したうえで「当面同制度を存置することが相当であると考える」と結論付けています。

　また，この「2001 年結論」では，今後の運用弾力化への取り組みとして，次の点を挙げて関係業界に要請しています。

　①消費者利益の向上が図られるよう，非再販商品の発行・流通の拡大及び価格設定の多様化などの方策をいっそう推進することを提案し，その実施を要請すること

　②上記の方策が実効を挙げているかを検証し，より効果的な方途を検討するなど，著作物の流通についての意見交換の場として協議会を設置すること

　③著作物再販制度の硬直的な運用により消費者利益を害されることが無いよう，著作物の取引実態の調査・検証に務めること

関係業界に対する著作物再販制度の運用弾力化の要請は，この「2001 年結論」を含めて，三度なされています。一度目は，1980 年の行政指導で部分再版・時限再版の導入を示し，二度目は，「1998 年見解」で明らかにされた六項目の是正要請でした。

　三度目となる今回は，「当面存置」という結論のもとで，先般の六項目是正要請を踏襲した内容となっています。関係業界に対し，再販制度

は当面のあいだ存置するものの，その運用は可能な限り弾力的に取り組むよう求めているのです。

「2001 年結論」での要請にともない，出版業界では，自由価格本のブックフェアを始めとする部分再販・時限再販の拡充，雑誌の定期購読者への割引の拡大，インターネットを利用した通販の拡大，注文の迅速化と返品減少のための取り組みなどがなされました。

新聞業界では，一部全国紙によって長期購読者などに対する自社発行書籍の割引販売などがなされ，音楽業界では，時限再販での再販期間の短縮や廃盤セールの拡大，インターネットを利用した通信販売や音楽配信事業の拡大などの取り組みがなされたのです。

こうしたなかで新たな問題として浮上したのが, 出版業界のポイント＝サービスでした。

7.2. ポイント＝サービス論争の背景

書店で行なう**ポイント＝サービス**は，商品購入額に応じて一定のポイントを与え，蓄積したポイントを次回の購入時に支払いの一部として充当できるサービスです。このポイント＝サービスは，そもそも「景品付き販売」なのか，それとも「値引き販売」に当たるのかが，「2001 年結論」の後に問題となりました。

景品付きの販売には，以下の経緯があります。まず，**景品表示法**（昭和 37 ［1962］年 5 月 15 日法律第 134 号，正式名称「不当景品類及び不当表示防止法」，「景表法」とも略す）が，独占禁止法の特例法として

1962年5月に制定されます。特例法とは，別な法律で定められている規定を，特別な事例に限って変更するための法律です。

　景品表示法の内容は，①過大な景品付き販売を規制する景品規制，②消費者の商品選択に必要な表示の義務付けと虚偽・誇大な不当表示を禁止する表示規制，③業界の自主規制としての公正競争規約制度，を柱としています。

　景品とは一般に，粗品・おまけ・賞品・懸賞などをいうのですが，景品表示法では「景品類」を定義して，①顧客誘引の手段として，②取引に付随して提供される，③経済的利益としており，提供できる限度額などを定めています。端的に言えば，販売時点において商品に付加価値をプラスする行為，またはプラスされた付加価値のことです。

　1980年10月から非再販本（→ p.6o）が出版できるようになると，それまでは出版業界の再販契約書（ヒナ型）で禁止されていた景品付きの販売が容認されました。そこで，日本書店商業組合連合会（略称・日書連）は，景品の提供を適正なものとするために，業界の自主ルールである**景品規約**（正式名称「出版物小売業における景品類の提供の制限に関する公正競争規約」）を制定し，1981年9月に公正取引委員会から認定されます。この景品規約は2006年5月に改定されるのですが，その内容は，①景品提供の期間は年二回で延べ90日まで（2006年までは年二回60日），②複数回取引での景品提供の限度額は，通年で取引価格の2%まで（2006年までは通年1%）となっています。

　景品規約の制定により，「再販制度のもとでの定価販売」と「景品提供による読者サービス」とが切り離されました。小売書店はみずからの判断で，商店街などで催される懸賞付きの抽選会や歳末セールの福引き

大会といった，景品供与のイベントへの参加が可能となったのです。

　景品提供と区別される値引き行為に関しては，公正取引委員会が「景品類等の指定の告示の運用基準について」（昭和52［1977］年4月1日事務局長通達第7号）のなかで，わかりやすく説いています。いわく，値引き行為とは，①取引の相手方に対し，支払うべき対価を減額すること，②支払った代金について，金銭を割り戻すこと，③商品の購入者に対し，それと同一の商品を付加して提供すること，と定めているのです。

　公正取引委員会は，当初はポイント=サービスを値引き行為に相当するとみなし，景品表示法上の景品類には当たらないと解釈していました。ただし，その対応は当事者間で判断すべき問題であるとも述べていました。2009年9月に消費者庁が発足すると，景品表示法の所管は公正取引委員会から消費者庁へと移されたのですが，値引きに当たるとされたポイント=サービスに関しては，引き続き公正取引委員会が担当することとなりました。

7.3.　ポイント=サービス論争の決着

本格的なポイント=サービスは，「2001年結論」の後に広まっていきます。それは，ヤマダ電機などの，出版物を取り扱っている家電量販店や，阪急ブックファーストのような，電鉄グループ系の書店チェーンによって，でした。

　ポイントの付与も5％といった高率のところがあり，小規模な街場の書店が真似のできるサービスではなく，現状のまま放置すれば混乱を招

きかねないところから，日書連は反対運動に動きます。ポイント＝サービスは再販制度下の定価遵守に反するとして，有力出版社や大手取次に陳情を重ねました。ポイント＝サービスを実施している書店に対して，値引き行為を控えるように働きかけて欲しいと，強く求めたのです。

ところが，2004年になって公正取引委員会は見解を発表し，出版社が1％ほどのごく低率のポイント＝サービスまで禁止するのは，一般消費者の利益を不当に害する懼（おそ）れがあると明らかにしたのです。ポイント＝サービスは再販制度の弾力的な運用の範囲内であるとの解釈を示しました。さらに，書店の業界団体が出版社や取次会社に要請してポイント＝サービスを禁止させるのは，事業者団体による共同行為を禁止した独占禁止法第8条に違反するとも述べました。

これを受けて日書連の反対運動は頓挫，陣頭指揮をとっていた日書連会長の萬田貴久（まんだ　たかひさ）が，明くる2005年6月に引責辞任するまでに至りました。以後ポイント＝サービスは，オンライン書店で期間限定の15％ポイント還元サービスが行なわれたり，百貨店にテナントとして入居する書店では百貨店のポイントと書店のポイントとが二重に付与されたりするなど，おおっぴらに解禁されています。

7.4. 著作物再販制度の存続を明言

さて，公正取引委員会は「2001年結論」に関連して，再販制度の弾力運用についての意見交換を行なう場として，関係事業者・消費者・学識経験者などを構成員とする「著作物再販協議会」(座長・石坂悦男)を設置,

2001 年 12 月には第 1 回の会合を開催していました。

　著作物再販協議会は，その後も毎年開かれていたのですが，2008 年
6 月の第 8 回会合を最後に休止状態となっていたのです。公正取引委員
会は，2010 年 10 月になってこの協議会の廃止を関係者に正式に通告。
以後は，書籍・雑誌，新聞，音楽 CD の三業種別に，それぞれの現状を
ヒアリングする形式へと改めました。

　「2001 年結論」から十年が経った 2011 年の 1 月。公正取引委員会の
委員長・竹島一彦（たけしま かずひこ）が講演のなかで「十年を経て
も世論の状況は変わっていないので，再販制度を見直す予定は無い」と
いう発言をします。「当面存置」という「2001 年結論」から十年，著
作物再販制度は「当面」の文言が外れて「存置」され続けることを，公
正取引委員会が公然と認める運びとなりました。

　ここで，法定再販の範囲をもう一度確認しておきます。それは，書
籍・雑誌・新聞・音楽 CD・音楽テープ・音楽レコード盤の，著作物六
品目です。これら以外の品目は，再販制度の対象ではありません。

　したがって，映像メディアである，ビデオテープ・DVD・ブルーレ
イ＝ディスク，それにデジタル媒体の，電子書籍・オンライン雑誌・新
聞電子版・ゲーム＝ソフト・有料データベースは，いずれも著作物六品
目には含まれておらず，法定再販の対象外である点に要注意です。日記
や手帳の類いも，書籍とはいえないので，対象外となります。

　また，再販制度対象の書籍・雑誌と，非対象商品である CD-ROM・
DVD・フィギュアなどとを組み合わせて販売する複合商品（セット組
み商品）についても，やはり著作物再販制度の対象外であり，「定価」
の表示をしてはならないとの見解を公正取引委員会は示しています。フ

ィギュアとは，アニメのキャラクターなどを立体的に表現した造形物を
いいます。

　参考までに，欧米における著作物再販制度の設置状況をみると，まず，
アメリカ・イギリス・カナダ・オーストラリア・スウェーデン・フィン
ランドでは再販制度をすべて廃止しています。設けているのは，ドイツ
（書籍・雑誌・新聞），オーストリア（書籍・雑誌・新聞），デンマーク（書
籍・雑誌），オランダ（書籍・雑誌），フランス（書籍），ノルウェー（書
籍）などです。ただし，多くの国で，部分再販・時限再販・値幅再販（一
定の割合までは値引き可能）といった弾力的な運用は行なわれています。
なお，音楽 CD・音楽テープ・音楽レコード盤について再販制度を実施
している国は，日本以外には，ありません。■

7 注記 | 音楽CDと音楽ソフトの変遷

18 世紀に出版産業が成立すると，作曲家が書いた楽譜のコピーを独占的に販売する音楽出版ビジネスが始まります。それまでは作曲家から楽譜を預かり，実演時に貸し出しては使用料を徴収していたのですが，その楽譜レンタル業が印刷業と結び付き，楽譜は複製されて広く販売されるものとなったのです。

　1877 年にエジソン（Thomas A. Edison）が録音技術の特許を取得，樹脂や塩化ビニールなどの円盤（当初は円筒の形状）に音の波形を刻み込み，円盤を一定の速さで回転させながら，記録した音を音として聴ける状態に復元する技術が生まれました。印刷物の楽譜から，実際のサウンドを録音して再生できる**音楽レコード盤**(audio record)への進化により，音楽産業の礎石が築かれたのです。この「音楽ソフトのパッケージ商品」は，再生装置であるレコードプレーヤー——当初は「蓄音機」「トーキングマシン」などと呼ばれた——を必要としており，エジソンはみずから会社（後の GE 社）を設立して音楽産業のハードとソフトの両輪をスタートさせます。

　音楽レコード盤の主な種類は，次の通りです。

　SP（Standard Play）盤は，直径 30cm（12inch）または 25cm（10inch）で，一分間に 78 回転，演奏時間は片面 5 分程度。初期の旧式タイプです。

　LP（Long Play）盤は，直径 30cm または 25cm で，一分間に

33と1/3回転, 演奏時間は片面およそ30分。いわゆる「アルバム盤」と呼ばれています。

　ドーナツ盤は, 直径17cm（7inch）で, 一分間に45回転, 演奏時間は片面3分程度。いわゆる「シングル盤」と呼ばれ, A面にタイトル曲, B面にカップリング曲を収録。ジュークボックスのオートチェンジャー対応のために中央穴の径が大きく, レコードプレーヤーではアダプター（調節器具）を必要とします。

　EP（Expanded Play）盤は, 直径17cmで, 一分間に45回転, 演奏時間は片面8分程度。ドーナツ盤と同じ大きさで同じ回転数ながら, 中央穴は通常サイズなので, 片面に2, 3曲を収録できました。ドーナツ盤も含めて「EP盤」と呼ぶことも多いです。

　以上, 音楽レコード盤はそのオモテ面とウラ面に楽曲を収録でき, それぞれ「A面」「B面」と呼んで区別されています。

　音楽産業の発展とともに, 音楽著作権の集中管理事業を行なう団体も生まれました。日本ではJASRAC（ジャスラック, 一般社団法人 日本音楽著作権協会）が, この任に当たっています。国内の作詞者・作曲者・音楽出版社などの権利者から著作権管理の委託を受け, 演奏・放送・録音・ネット配信などさまざまなかたちで利用される音楽について, 著作権使用料を適切に徴収し, それぞれの権利者に分配する仕事をしています。

　話を戻して, 20世紀初頭。GE社の経営幹部・サーノフ（David Sarnoff）は, 電波を介して音楽を無料で流し, これを売り物にして

全米の家庭に無線受信機を購入させれば，大きなビジネスになるという着想を得ます。一対一の無線通信の仕組みを一対不特定多数に変えたのです。このとき，**ラジオ放送**（radio broadcast）の概念が誕生しました。エジソンの時代は音響メーカーがレコード会社を興（おこ）したのですが，ラジオの登場で放送事業の先駆者がレコード会社を所有するようになります。

　第二次世界大戦後に，今度は**テレビ放送**（television broadcast）が急速に普及すると，ラジオはヒット曲のレコードを延々とかける，当時のジュークボックスに似せた音楽番組のフォーマットで起死回生を図りました。番組で曲順の進行を軽妙な語り口で仕切る DJ（ディージェイ，disc jockey）が職種としても確立します。ラジオで楽曲を次々とリスナーに紹介・宣伝し，安価なシングル盤レコード（ドーナツ盤）を大量に売るというビジネス＝モデルでした。

　日本では，1956 年にソニーが低廉な小型トランジスタ＝ラジオを発売，これが十代のオーディオ市場を開拓します。翌 1957 年には富士通が日本初のトランジスタ＝カーラジオを発売したことで，若者のあいだには中古車にカーラジオをオプションで装着するブームが起こり，無音だった車内に音楽の流れる場を創出しました。

　1968 年には CBS ソニーが日本で最後発のレコード会社として設立されます。ソニーは音楽産業のハードとソフトの両輪をスタートさせ，1970 年代から 80 年代にかけての音楽シーンを牽引したのでした。

ところで，磁性体の粉末を塗布したテープに，その残留磁気の強弱により種々の信号を記録する技術は，第二次世界大戦中のドイツで軍事用途に実用化され，終戦とともに民生品となります。当初はテープが露出する大型のオープンリール方式で，プロやマニア向けでしたが，テープを小さなケースに収めたカセット方式が開発され，機械への着脱が誰でも簡便にできる「コンパクト＝カセット規格」も定められます。ラジオ受信機と，カセット方式テープの録音・再生装置とを一体化させた「ラジカセ」と呼ぶ機器が，1970年代には出現しました。磁気テープは録音用だけでなく，音楽ソフトをあらかじめ記録した**音楽テープ**（audio tape）としても販売され，音楽レコード盤とともに普及します。

　1970年代にはまた，楽曲の伴奏部分のみを記録した，8トラックでカートリッジ方式の業務用音楽テープが販売され，これに合わせて人が生歌を披歴できるという設備が生まれました。**カラオケ**（karaoke）の発祥です。当初は酒席の余興でしたが，その娯楽性が人気を博し，1980年代後半にはカラオケのみを専門に提供する事業形態も成り立つようになり，カラオケ店での顧客の嗜好は音楽ソフトの販売ランキングと密接な相関を持つまでに至りました。

　時に1979年7月。ソニーから，ポータブルなカセット方式テープの再生装置「**ウォークマン**（WALKMAN）」第一号機が発売されます。これが契機となって「音楽を持ち歩いて聴取」「ヘッドフォン（イヤフォン）の常用」「ミックステープの作成（プレイリスト

の作成）」といった，パーソナルな生活空間で享受するオーディオ文化が新たに形づくられることになるのでした。

音楽 CD（Compact Disc Digital Audio）は，プラスチック素材の円盤に，デジタル方式により音の信号を記録し，照射したレーザー光の反射を読み取って音を再現します。ソニーとオランダのフィリップス（Philips）社が共同開発しました。1982 年 10 月 1 日，世界初の音楽 CD が，CBS ソニー・EPIC ソニー・日本コロムビアから発売されます。同日に，世界初の CD プレーヤーも，ソニー（SONY ブランド）・日立(Lo-D ブランド)・日本コロムビア（DENON ブランド)から発売されました。アナログ方式では望み得なかった，原音に忠実な音の再現を可能にする，デジタル＝オーディオ時代の幕開けでした。

音楽 CD の大きさは二種類で，直径 12cm（演奏可能時間は 75 分程度）と 8 cm（演奏可能時間は 20 分程度）のものがあり，一般に 12cmCD をアルバム盤， 8 cmCD をシングル盤と称します。シングル盤の 8 cmCD は，片側のみの記録面にタイトル曲とカップリング曲を一緒に収録しています。

音楽 CD が消費者に渡るまでの流通経路は——日本レコード協会の年次レポート『日本のレコード産業』で， 2010 年度版まで掲載されていた「レコードの流通」によれば——レコード会社を起点として「特約店ルート」「卸業者経由で小売店ルート」「通信販売・訪問販売・業務用商品販売などの特殊販売ルート」に分かれます。

特約店制度は，レコード会社と CD 販売店とが直接に取引契約を結び，レコード会社の特約店として商品を仕入れる仕組みです。タワーレコード・HMV・山野楽器・新星堂といった，大手全国チェーン店はいずれも特約店契約です。レコード会社と CD 販売店が共存共栄を図ろうとした，日本市場固有のルートと言えます。

　レコード会社から卸業者を経由する CD 販売店は，中小規模の地域チェーン店や個人経営の店舗が大半です。音楽 CD の卸業者は，星光堂とハピネットが二大企業だったのですが，2018 年 3 月，星光堂は四年連続で営業赤字を計上していたために，卸売事業をハピネットに 30 億円で譲渡して撤退しました。

　音楽 CD の販売で特徴的なのが，再販制度です。本文でも述べたように，1953 年に音楽レコード盤に再販制度が適用され，音楽レコード盤と機能・効用が同一である音楽テープと音楽 CD の二品目が拡大解釈で後に加わります。再販制度が適用された最後発の音楽 CD も，レコード会社指示の小売価格が維持されました。

　1990 年代における再販制度の見直し気運のなか，音楽業界は公正取引委員会の要請を受け，1992 年 11 月から音楽 CD に**時限再販**を導入します。発売後二年を経過した銘柄は，CD ショップが自由な価格で販売できるようになりました。

　公正取引委員会が公表した「1998 年見解」（→ p.86）では，再販制度の存廃を継続審議としたものの，同時に六項目の是正措置を関係業界に要請したのでした。これを受けて音楽業界は，再販期間

　の更なる短縮に取り組み，1998年11月以降に発売される商品から，邦楽・洋楽のシングル盤と洋楽のアルバム盤を中心に，それまで発売後二年としていた再販期間を一年または六か月に短縮しました。

　再販制度を当面存置させるという「2001年結論」（→p.89）以降は，売上の多くを占めていて短縮を渋っていた邦楽のアルバム盤についても，再販期間を一年または六か月としました。こんにちでは大半のレコード会社が，邦楽・洋楽ともに，音楽CDの時限再販で，再販期間六か月を実施しています。

　忘れてはならないのが，**レンタルCD店**の存在です。音楽レコード盤の時代の1980年に，最初の貸レコード店が東京都三鷹市で開業します。以来，レコード会社は著作権を守るために，この業態に対して度重なる民事訴訟を起こしてきました。1985年1月に著作権法が改正されて「貸与権」と「報酬請求権」が定義されたことで，邦楽・洋楽のシングル・アルバム別に，発売日からの貸与禁止の期間や禁止期間経過後のレンタル使用料といった合意が確立します。この貸レコードの業態が音楽CDになっても引き継がれて，レンタルCD店となりました。その後に，ビデオテープ・DVD・ブルーレイ＝ディスク・コミックスがラインナップに加わり，レンタル店の業界団体として「日本コンパクトディスク・ビデオレンタル商業組合」が結成されています。

　さて，日本レコード協会の統計情報「種類別生産数量推移」によれば，LPレコードの年間生産数量の頂点は，1976年の9,460

万枚です。EP レコード（ドーナツ盤を含む）は，1979 年の 1 億 0,630 万枚が頂点。カセット方式の音楽テープは，6,462 万本をカウントした 1983 年が絶頂期でした。

音楽 CD（シングル盤とアルバム盤）は 1982 年の発売開始から急成長し，1989 年に早くも年間生産数量が 1 億枚を超え，1991 年には 2 億枚を上回り，1998 年に 3 億枚を突破して活況を呈します。ところが，2000 年の 3 億 8,093 万枚でピークを打ち，以後は生産数量の減少が続き，2003 年に 3 億枚を下回り，2011 年には初めて 2 億枚を割り込みました。

年間生産数量の統計情報に見るように，音楽 CD・音楽テープ・音楽レコード盤といった，「音楽ソフトのパッケージ商品」は急速に市場が縮小しており，実際に 2000 年代以降は全国で CD 販売店やレンタル CD 店の廃業・閉店が相次いでいます。

代わって急速にシェアを拡大しているのが，楽曲のデジタル音源をネットワーク環境で聴取する「音楽ソフトのネットワーク配信サービス」です。

配信サービスの嚆矢は，1999 年 6 月，**ナップスター**（Napster）社による同名サービスの開始に求められます。後にピア＝ツー＝ピア（peer-to-peer）技術と呼ばれる，インターネット上の分散システムを使って，mp3（エムピースリー）と呼ぶ音楽ファイル規格の楽曲を，自由に素早くなおかつ無料で交換したいというアイデアを実現させたのです。

この音楽ファイル共有サービスの登場は，パッケージ商品である音楽 CD の衰退を引き寄せました。しかしながら，ナップスターは米国レコード協会などから訴訟を起こされて敗れた結果，2001 年 7 月にサービス停止に追い込まれ，再起をかけたものの翌 2002 年 6 月に倒産します。

　2001 年 11 月，アメリカのアップル（Apple）社から，アイポッド（iPod）が発売されます。この携帯型音楽プレーヤーは，mp3 規格の音楽ソフトをダウンロードして聴取できる「21 世紀のウォークマン」という触れ込みでした。続いてアップルは，2003 年 4 月に「**アイチューンズ＝ミュージック＝ストア**（iTunes Music Store)」というサイトをインターネット上に開設，著作権処理した楽曲ソフトの有料ダウンロード販売をスタートさせます。専用の配信サイトにアクセスし，専用のアプリを使って，専用の携帯端末機に向けての，楽曲単位のバラ売りというビジネス＝モデルでした。

　2004 年ごろには，ポッドキャスト（Podcast）という，インターネット上に音声ファイルを公開する仕組みも生まれました。出自はアップルとは無関係ながら「アイポッド向けのラジオ放送番組」という意味の造語です。

　アップルは 2007 年 1 月に**アイフォン**（iPhone）第一世代機を発売します。携帯電話でありながら，インターネット接続もでき，音楽プレーヤーの機能も併せ持った汎用機です。物理的な突起のキーボードには頼らず，液晶画面を指でなぞって操作するマルチタッ

チ＝スクリーンとしたのも画期的でした。このアイフォンの登場で，後に「スマートフォン」あるいは「スマホ」と呼ばれるようになる，インターネット接続可能なモバイル端末機の存在が確立します。それとともに，音楽の再生専用機だったアイポッドの存在意義をアップルみずからが喪失させてしまう成り行きともなるのでした。

　他方で，配信サイトであるアイチューンズ＝ミュージック＝ストアを凋落させたのが，**スポティファイ**（Spotify）でした。2006年8月に創業したスウェーデンの企業は，2008年10月に同名のサービスをインターネット上で開始します。レコード会社とは楽曲提供で合意し最初から違法ダウンロードを追放しており，広告の挿入や機能制限のある無料版（Spotify Free）を入り口に，ストリーミング聴取による圧倒的な利便性でもって，有料会員版（Spotify Premium）へと導きます。「音楽ソフトのネットワーク配信サービス」は，ここに，サブスクリプション（subscription）——月ぎめ定額での利用し放題方式——という新たなビジネス＝モデルを誕生させたのです。アップルも2015年6月にインターネット上に「アップル＝ミュージック（Apple Music）」を開設し，楽曲のダウンロード販売からストリーミング聴取のサブスクリプションへとシフトしたのでした。

　もう一つ見逃せないのは，動画ファイル共有サービスの**ユーチューブ**（YouTube）です。2005年2月にインターネット上でサービスが開始され，2006年にはグーグル（Google）に買収されて子会

社となりました。素人が作成した動画から，既製の音楽ビデオ・テレビ番組・映画予告編までがアップされていて，ともすれば玉石混淆です。ここに，メジャー音楽レーベルのプロモーション＝ビデオやアーチストの個人的な演奏動画が，権利者本人によって投稿されるようになり，かつての MTV（エムティーブイ）――1981 年に米国で開局した音楽のビデオ＝クリップを専門に流すケーブル＝チャンネル――の側面も備えるようになっています。なお，ユーチューブは権利者側から違法性のある動画の削除申請を受け付ければ，十四営業日以内にその無断コンテンツを削除しています。

　楽曲を人びとに提供するチャンネルは，「音楽ソフトのパッケージ商品」と「音楽ソフトのネットワーク配信サービス」に加えて，もう一つ存在します。それは「特定の場所に集客しての実演」です。野外フェスティバル・コンサート＝ホール・ライブ＝ハウスなどに聴衆を集めて，生演奏のパフォーマンスを繰り広げるという，音楽の伝達方法です。ただし，2020 年の新型コロナウィルスの感染拡大により，イベントの全面的中止や観客の人数制限が続きました。リアルな会場の復活を望みつつも，有料オンラインでのライブ配信で，臨場感をいかに伝えて収益化を図るか，その点に音楽業界はいたく腐心しました。■

8 | 再販制度のもとでの割引行為と, 再販制度容認の「正当な理由」を紹介します。

著作物再販制度のもとにありながら，当初から「定価外」販売が行なわれてきたという，さらなる特例のケースを大きく三つ紹介します。併せて，再販売価格の維持行為が競争政策の観点からみて一概に「違法」なのではなく，その適否は個々のケースに合わせてより精緻に検討すべきという論調——ブランド間競争とブランド内競争——を紹介します。

8.1. 相互扶助団体構成員への販売

先の第3章第3節で述べたように，著作物を対象とする再販制度は，独占禁止法の「1953年の大改正」で適用除外として容認されたのですが，下記の三つのケースでは当初から定価販売の拘束を受けずに割引行為が実施されてきました。例外措置のなかの，そのまた特例という位置付けになります。

　第一は，特定の法律に基づいた，相互扶助団体の構成員への販売です。

販売の相手方たる事業者が，消費生活協同組合法など十三の法律に基づいて設立された，消費者・勤労者の相互扶助を目的とする団体である場合には，構成員への割引行為が実施されています。

これらの団体はそれぞれの根拠法に基づき，構成員に物資を供給する福利厚生事業を行ないます。当該団体に対して，メーカーなどがその販売価格を指示できるとなると，福利厚生事業の実施を阻害し，根拠法の制度趣旨に悖（もと）る懸念があるからです（独占禁止法第23条の第5項）。

ちなみに，十三の法律とは，①国家公務員法，②農業協同組合法，③消費生活協同組合法，④水産業協同組合法，⑤行政執行法人の労働関係に関する法律，⑥労働組合法，⑦中小企業等協同組合法，⑧地方公務員法，⑨地方公営企業等の労働関係に関する法律，⑩中小企業団体の組織に関する法律，⑪国家公務員共済組合法，⑫地方公務員等共済組合法，⑬森林組合法，です。

8.2. 運用弾力化と業界の慣行

著作物再販制度のもとでありながら「定価外」販売がなされてきた第二のケースは，業界による運用弾力化の取り組みとしての割引行為です。

運用弾力化の取り組みは，①部分再販，②時限再販，③前金または一時払いの定期刊行物に対する割引販売，④前金または一時払いの継続出版物（百科事典・文学全集・予約出版など）に対する割引販売，⑤汚損本の値引き販売，などが該当します。

第三のケースは，業界の慣行として行なわれている割引行為です。

　業界の慣行としては，すなわち，①官公庁などの入札制度に応じて納入する場合の割引行為，②書店の外商（がいしょう）による大口顧客への割引行為，③出版社が著者や取引関係者に対して行なう割引行為，あるいは従業員向けの社内販売，④取次の店売（てんばい，取次会社内にある書店向け販売窓口）での割引行為，あるいは従業員向けの社内販売，⑤書店が取引関係者に対して行なう割引行為，あるいは従業員向けの社内販売，などです。

　著作物再販制度のもとでありながら，以上のような三つのケースでは値引き行為が当初から行なわれていましたし，こんにちでも継続されています。適用除外措置のなかの，さらなる特例のケースです。

8.3. 「当然違法」から「合理の原則」へ

話は替わりますが，アメリカにおいては，再販制度が許容されてはおりません。再販売価格の維持行為に関するメーカーと販売事業者のあいだの契約や合意は，アメリカでは「当然違法（per se illegal）」とされてきました。この「当然違法」とは，一定の行為類型に該当すれば，反論をいっさい許さずに違法とするという意味です。その規範となったのが，1911 年のドクター＝マイルズ事案での連邦最高裁の判決です。爾後，再販制度が「当然違法」との扱いは判例として残ったのでした。

　しかしながら 1970 年代の後半から，ここに大きな変化が訪れます。再販売価格の維持行為が競争に与える影響は，個々のケースについて具

体的に検討したうえで，違法かどうかを判断するという，「合理の原則 (rule of reason)」に基づくべきとの考え方が，浸透し始めたのです。

　再販売価格の維持行為が認められたならば，ただちに違法と判断するのではなく，市場のあらゆる要因を総合的に考慮し，その行為が競争促進効果をもたらしているというのであれば，違法とはいえないと考えられるようになりました。

　この考え方の起源は，**ポズナー**（Richard A. Posner）が 1976 年に著した単行書『Antitrust Law：An Economic Perspective（邦訳未刊）』です。当時，シカゴ大学ロースクール教授で，1981 年からは連邦第七巡回区 控訴裁判所 判事を務めたポズナーですが，この著作によって米国の競争政策の分野で支配的地位を確立するに至ります。

　それまでアメリカの反トラスト法は，価格操作による独占から消費者を守ることと，小規模な小売業者をより大きな競争相手から守るという，二つの，時に矛盾する目標を追求していました。ポズナーは，法学研究のなかにシカゴ学派［章末の注記参照］の経済思想を導入して旧来の考え方を覆し，消費者の利益だけに重点を置いたのです。

　企業が独占力を駆使しても消費者に害を与えなければ，市場は自由なままで規制されてはならないというのが，ポズナーの競争政策に対する哲学でした。企業の巨大化が悪なのではないし，競合他社に損害を与えたり，倒産させたりしたとしても問題ではない。一般消費者の利益を確保している限りは，それが，自由市場のもとでの資本主義経済の仕組みだからと唱えました。絶対的な原則は消費者利益であって，これをおいて他には無いというのです。

　こうして，再販制度の違法性判断にも，競争促進的な効果を持ちうる

か否かの市場分析が必要との見解，すなわち「合理の原則」が主張され始めました。

　再販制度と同じく，垂直的競争制限（一方が他方の第三者との取引に一定の条件を課する行為）に分類される，販売地域・販売先・販売方法の制限に関して，1977 年に出されたシルバニア事案の連邦最高裁判決では，「当然違法」としていたこれまでの判例を覆し，「合理の原則」により判断すべき，すなわち，競争促進効果と競争阻害効果を比較考量して違法性の決定を下すべきとしたのです。

　また，再販制度のうち，最高価格を拘束するものに関し，1997 年のステート＝オイル事案での連邦最高裁判決では，やはり「合理の原則」により判断すべきとしました。

　2007 年のリージン事案では，最低価格を拘束する再販制度についても「当然違法」ではなく，「合理の原則」に基づいて判断すべきとの判決を連邦最高裁は下したのです。過去の判例に法的拘束力を認める判例法主義のアメリカにおいて，ドクター＝マイルズ事案の判例をおよそ百年ぶりに覆したものとなりました。ただし，このリージン事案では，最高裁判事九人で意見が割れ，五対四という比率でもって判決が下されたという点に留意する必要があります。

8.4. 公正取引委員会の「正当な理由」

ポズナーにみるような，シカゴ学派の経済思想を取り入れた反トラスト法の法解釈は，当然のことながら，日本にも影響を及ぼしました。

先の日米構造問題協議は，1990年6月に最終報告書が公表されるのですが，その報告書の独占禁止法に関連する項目のなかに「独占禁止法の運用に関するガイドラインの作成」という要求がありました。

　これを受けて，公正取引委員会が1991年7月に策定したのが「流通・取引慣行に関する独占禁止法上の指針」（略称・「**流通・取引慣行ガイドライン**」）です。その後に何度か改定されていますが，独占禁止法上の違反行為と合法行為とを明確に線引きした法解釈のガイドラインとして，きわめて大きな意味を持ちます。

　この流通・取引慣行ガイドラインの，第1部「第1　再販売価格維持行為」の「2　再販売価格の拘束（2）」で，再販売価格の維持行為を認める「正当な理由」を以下のように示しています。すなわち，①事業者による自社商品の再販売価格の拘束によって，実際に競争促進効果が生じて「ブランド間競争」が促進され，②「ブランド間競争」の促進によって，その商品の需要が増大し，消費者の利益の増進が図られ，③そのような競争促進効果が他の方法によっては生じえない場合において，④必要な範囲と必要な期間に限り，再販売価格の維持行為は認められるものとしました。

　ここでいう「**ブランド間（inter-brand）競争**」とは，同業メーカーの同じ種類の商品も含めた価格競争をいいます。同種の商品に関して，各メーカーが異なるブランドを掲げて競争するケースです。たとえば，薄型テレビの市場で，ソニーとパナソニックという二つのブランドが競争するような，メーカーのあいだでの競争です。

　これに対立する概念に，「**ブランド内（intra-brand）競争**」があります。特定のブランドをもつ商品について，販売事業者間で行なわれる

価格競争です。たとえば，同じパナソニック製の薄型テレビを販売する，ヤマダ電機とヨドバシカメラの競争のような，同一メーカーの特定ブランド商品をめぐる，末端販売店のあいだでの競争をいいます。

　流通・取引慣行ガイドラインの趣旨は，再販制度が行なわれていたとしても，同業他社が当該商品に代わりうる代替品をもって市場に臨んだり，新規事業者が新製品をもって参入したりすれば，それらのあいだで「ブランド間競争」が促進されるので，その場合には市場全体の競争が消滅したことにならないというものです。

　再販制度によって，「ブランド内競争」——特定メーカーの特定商品を取り扱う末端販売店のあいだの競争——は無くなったとしても，「ブランド間競争」——同種の商品市場における，メーカー同士の（ブランドの異なる商品間の）競争——が十分に機能さえしていれば，公正な競争の阻害には当たらないとの見解を公正取引委員会は示したのでした。

　これは，「合理の原則」に基づいて判断するという立場に身を置いた見解です。ただし，注意しなければならないのは，あくまでも個別事案ごとに不当性の有無を判断するのであって，公正取引委員会がメーカーの価格指定を容認する方向にあるというものではありません。

　日用ブランド品の指定再販が全廃された以上，再販売価格の維持行為を新たに容認する場合，「合理の原則」を掲げているとはいえ，そのハードルはかなり高いと言わざるを得ません。事実，これまでにも，ベビー用品，アウトドア用品，スポーツ用品などさまざまな商品について，公正取引委員会は再販売価格の維持行為と判断し，容認せずに排除措置命令を発出しています。■

8 注記 ｜ ケインズとシカゴ学派

英経済学者の**ケインズ**（John M. Keynes）は，第一次世界大戦の
講和条件を討議する 1919 年のベルサイユ会議に財務省主席代表と
して出席したのですが，ドイツの支払い能力をはるかに超える賠償
金額に反対して職を辞したのです。その批判性で，ケインズの名は
まず知れ渡ります。

　1936 年に『雇用，金利，通貨の一般理論』を刊行。「市場での
自律的な需給調整」「赤字削減による財政均衡」を唱えるそれまで
の経済学の立場とは相容れない理論を展開しました。世界恐慌を経
験していたケインズは，失業が一時的な過渡期のあだ花などではな
く，定常的に存在しうることを説明し，「公共投資」「金融緩和」「財
政出動」といった政策を支持したのです。

　ところで，第二次世界大戦の終結が見えてきた，1944 年 7 月 1
日から 22 日まで，ワシントン特別区からほど近いニュー＝ハンプ
シャー州の避暑地・ブレトン＝ウッズに四十五か国が参集して，戦
後の経済体制が話し合われました。世界的な規模の軍事衝突に先立
って発生する経済不安を抑えるべく，何らかの適切な枠組みが必要
とされたからです。アメリカ側からはルーズベルト政権の財務長官・
モーゲンソー（Henry Morgenthau, Jr.），その右腕で財務次官補の
ホワイト（Harry D. White）らが参加し，イギリス側の代表を務
めたのが，祖国の戦費調達を支えたケインズでした。

ブレトン＝ウッズ会議は二つの部会で構成されていました。第一部会は国家財政の破綻を回避する融資の仕組みを協議するもので，ホワイトが取り仕切り，第二部会は経済発展を促す資金融通の機関に関するもので，こちらをケインズが担当しました。最終的に，前者は国際通貨基金（IMF），後者は世界銀行（World Bank）となって結実します。

　戦後のケインズ経済学の鼓吹者は米ハーバード大学を拠点とし，少なくとも 1970 年代に入るまでは王道を歩んでいたのでした。

　シカゴ学派（Chicago School of Economics）は，1960 年代から 1970 年代に浸透した呼称で，米シカゴ大学のフリードマン（Milton Friedman）を総帥とする，スティグラー（George J. Stigler），ベッカー（Gary S. Becker），ルーカス（Robert E. Lucas）などを含めた経済学者集団をいいます。

　とりわけフリードマンは，市場システムへの絶対的な信頼のもと，「小さな政府（政府機能の縮小）」「公的規制の緩和・撤廃」「国営・公営事業の民営化」などを掲げ，市場での競争を阻害するあらゆる存在を批判し，政府による市場への介入を徹底して戒めたのです。

　英国のサッチャー（Margaret H. Thatcher）首相，米国のレーガン大統領が，そろってフリードマンの経済理論を受け入れた 1980 年代以降，シカゴ学派の考え方は世界中を席巻していきました。■

9

参考までに, 新聞業界には再販制度に加えて「特殊指定」という規定があります。

新聞業という業種では, 再販制度に加えて「特殊指定」という規定があります。再販制度は「定価販売は, 本来は禁止だが, 例外として認める」という措置でした。これに対し, 新聞業界に適用される特殊指定は, 公正取引委員会が独占禁止法に基づいて行なう行政措置で, 「新聞業界は, きっちりと定価販売をせよ」という強い要請となっているのです。

9.1. 本条規定・一般指定・特殊指定

先の第2章第2節で述べたように, 独占禁止法は競争を制限する行為類型の一つに「不公正な取引方法」を取り上げて禁止しています。その具体的な取引方法は, 独占禁止法のなかで直接に規定されている, 「共同の取引拒絶」「差別対価による取引」「不当廉売」「再販売価格維持行為」「優越的地位の乱用」の五つで, これらは不公正な取引方法の「**本条規定**」と呼ばれています。

不公正な取引方法には「本条規定」に加えて, 公正取引委員会が告示 (こくじ) によって別途指定している行為類型があります。それは,「不当な差別的取扱い」「不当対価による取引」「不当な顧客誘引または取引の強制」「不当な拘束条件付きの取引」「取引上の地位の不当利用」「競争事業者への取引妨害または内部干渉」です。これらは, すべての業種を横断して適用されるところから, 不公正な取引方法の「**一般指定**」と呼ばれています。

さらには, 特定の業種に限って適用される規制があり, これらの行為類型は, 不公正な取引方法の「**特殊指定**」とされています。独占禁止法の「本条規定」と, 告示による「一般指定」の双方があるにも関わらず, 不公正取引があまりに横行して目に余る場合は, 特定の事業分野にのみ適用する「不公正な取引方法」を具体的に列挙して, その業界だけに遵守するよう要請します。それが, 告示による「特殊指定」です。特殊指定は, とりわけ行儀の悪い業界に焦点を合わせて, その事業分野に固有の, 手に負えない悪質な取引行為を諫 (いさ) めようとする行政措置なのです。

ちなみに**告示**とは, 国の行政機関が決定した重要事項を広く国民に向けて告知する「お知らせ」です。法律では無いのですが, 法律に根拠がある場合には単なる「お知らせ」にとどまらず, 法律に準ずる効力を持ちます。文部科学省の学習指導要領, 厚生労働省の生活保護基準, 文化庁の常用漢字表などが, いずれも告示です。

以下では, 新聞特殊指定が告示として発出された, 歴史的経緯を追いかけます。

9.2. 新聞に適用された再販制度

さて，再販制度を適用除外とした独占禁止法の「1953 年の大改正」は，法案が 2 月に国会に提出されたものの，3 月に国会が解散となり（第四次吉田茂内閣「バカヤロー解散」），いったん廃案になります。総選挙後に第五次吉田内閣が組織され，5 月からの特別国会に再提出されて 8 月に成立し，9 月 1 日に公布・施行となったという経緯があります。紆余曲折を経て，日用ブランド品の指定再販と著作物の法定再販とが許容されたのでした。

　このとき，廃案時には「出版物」となっていた箇所が，再提出された法案では「著作物」に統合されていたのです。「出版物」は書籍・雑誌のみを指すものですが，「著作物」となれば，より広い概念を持つと解釈でき，新聞や音楽レコード盤をも含めることができます。改正案の趣旨説明をしたのは，第五次吉田内閣の副総理・緒方竹虎（おがた たけとら）で，朝日新聞社副社長から政界に転じた人物でした。「出版物」を「著作物」へと変更した経緯に，何らかの関わりを持ったのではないかと憶測を呼ぶに余りあります。

　こうして新聞は，著作物六品目の一つとして認知されて再販制度が許容されたのでした。新聞発行本社と新聞販売店のあいだの再販契約により，新聞販売店は一部売り価格あるいは月ぎめ購読料からの値引き行為ができません。もちろん，この再販制度を利用するか否かは，それぞれの事業者の任意であって法律上の義務ではないのですが，個々の再販売価格維持行為が積み重なって，こんにちでは制度相当とみなされていま

す。なお，新聞の「定価」は，「最終面のウラ面」の欄外最上部に表示
されています。

ともあれ，新聞に再販制度が容認されたのは，まったくもって偶然の
賜物だったのです。新聞業界は再販制度が導入された事実に，全然と言
っていいほど関心を示しませんでした。それというのも，1953 年当時
は直面する**「乱脈販売合戦」**の対応に追われて，再販制度どころではな
かったからです。景品や優待券を使った顧客勧誘，無代紙のばらまき，
他紙購読の妨害など，新聞の拡販競争が異常なほどヒートアップしてい
た状況で，業界内部からも規制を求める声が上がっていたほどでした。

9.3. 戦時下の新聞統合

話はまた遡りますが，1937 年 7 月の盧溝橋事件を契機に日本は中国と
交戦します。政府は翌 1938 年 4 月に，戦時統制の基本法規である国家
総動員法（昭和 13 ［1938］年 4 月 1 日法律第 1919 号，1945 年 12 月
20 日廃止）を公布。同年 8 月には**新聞統合**の施策に着手し，まずは新
聞社の自発的意思による廃業合併を促しました。

紙の割当制は，1938 年 9 月，商工省（現在の経済産業省の前身）に
よる新聞用紙供給制限令の発出とともに始まり，1940 年 5 月に内閣直
属の情報部（同年 12 月に情報局と改組，1945 年 12 月廃止）へと用紙
供給権が移管されると，ここに**新聞雑誌用紙統制委員会**（委員長一名，
委員十一名，幹事十四名で構成）が設置されて，本格化しました。

さらには 1941 年 5 月に，全国の新聞社で構成する自主的な統制団体・

日本新聞聯盟が結成され，新聞の共同販売（共販制度）の実施や記者倶楽部（記者クラブ）の改編といった統制を自らの手で実施します。

　その1941年の12月8日。ハワイ真珠湾を奇襲攻撃して対米宣戦布告すると，13日には新聞事業令（昭和16［1941］年12月13日勅令第1107号，1945年10月6日廃止）を公布，新聞統合に法的根拠を与えました。翌1942年2月に政府管轄の統制団体・日本新聞會が設立され，国論の統一と言論の統制を目的に新聞統合を加速させていきます。

　全国紙は朝日・読売・毎日の三紙，経済紙は愛知県以西の産業経済関係紙を統合した産業経済新聞社（現・産経新聞社）と，関東以北を統合した中外商業新報社（現・日本経済新聞社）の二社，地方紙は一県一紙に統合されたのでした。朝刊紙と夕刊紙は区分され，新聞発行の地域割りが明確にされました。東京・大阪・名古屋・福岡でも整備方針が示され，1,000紙ほどあった新聞は，1942年11月時点で55紙にまで統合されたのでした。

　戦後になって，この新聞統合が切り崩されていきます。1949年11月に神戸新聞社が夕刊を発行したのを皮切りに，朝日・毎日・読売の三紙が12月にかけて夕刊発行に踏み切りました。1950年2月からは戦時中に印刷を停止していた朝日・毎日が名古屋地区での朝夕刊の発行を再開。さらに大阪の経済紙だった産業経済新聞社が一般紙として1950年3月から東京に進出すれば，1952年11月に今度は読売が大阪に進出，翌1953年4月から夕刊も発行するといった具合で，戦時中に固定された新聞の区分けや地域割りが総崩れし始めたのです。

　さらに，戦時中から続いていた紙の割当制も1951年5月には撤廃されて，共販制度の一角にある購読料の統制も廃止となりました。産業経

済新聞社が東京進出を機に専売店網の編成に着手したのを受け，大手新聞社による新聞販売店の囲い込みも加速するようになります。1952年12月からは東京都内と京阪神地区で専売店方式を実施するようになり，新聞の共同配達・共同集金・共同輸送を実行する共販制度についても，終止符が打たれました。

9.4. 戦後の乱脈販売合戦

共販制度の廃止で，新聞の乱脈販売合戦の火ぶたが切られました。仕掛けたのは読売・朝日・毎日の大手三紙で，独占禁止法に違反するような不正行為を繰り返したのです。たとえば，読売は1952年に大阪に進出するさい，関東から数百名の営業マンを動員したうえ，地元の新聞販売店の店主や従業員を大量に引き抜き，11月25日の創刊から月末までの六日間，おびただしい数の無代紙をばらまいたのです。読売は，朝日・毎日との価格差を武器にして短期間で既成陣営への割り込みを図り，購読者を獲得した後は値上げして競合紙と同価格にするとの戦術でした。

　乱脈販売合戦で影響を受けるのは，中小地方紙です。「1953年の大改正」の審議が始まる直前の2月，全国の中小地方紙の経営者で組織している全国新聞経営者協議会は，公正取引委員会に特殊指定を要望する意見書を提出します。これを受けて公正取引委員会の横田正俊（よこたまさとし）委員長が新聞協会に対し，景品を使った拡販や特定新聞の購読強制による他紙の購読妨害など，不公正な取引方法を自粛するよう強く求めました。

翌 1954 年 12 月に日本新聞協会は「新聞販売綱領」を制定します。同協会の 1946 年 7 月の創立を機に制定された「新聞倫理綱領」が掲げる精神，すなわち編集業務における自由・責任・公正・気品などを，販売業務においても遵守し実践に務めると宣告しました。新聞販売上の倫理規定を，業界内で自主的に定めたのです。

9.5. 新聞特殊指定の成立

しかしながら，悪質な不公正取引は一向に止む気配がありませんでした。1955 年 3 月には大手三紙が千葉県内の系列の新聞販売店に対し，地元の千葉新聞の不買（取扱い中止）を要求します。5 月には，大阪で読売が「よみうり少年少女新聞」を創刊し，全購読者に無料で配り始めました。大阪読売は 9 月になってさらにエスカレート。発刊三周年記念をうたい，総額二億円の「愛読者くじ」を発表，社告を紙上に掲載して購読者の勧誘に乗り出したのです。

　こうした事態を受け，日本新聞協会は自主的な販売倫理の申し合わせなどで違法行為を防ぐのはもはや無理と判断，特殊指定の実現に向けて動き出します。業界一丸となって公権力の発動を希求し，販売手段としての景品類の供与，無料紙の配布，不当な値引き，押し紙といった行為を禁じてもらう手筈（てはず）としたのです。

　このなかの**押し紙**とは，新聞発行本社が注文部数を超えて販売店に新聞を売り付ける行為です。新聞販売部数の多寡で紙面の広告料金が設定されるところから，部数の底上げのために，押し紙はなくてはならぬ手

段だったのでした。

　新聞特殊指定は，1955年12月29日に告示，即日実施となりました。そのときは，以下のような行為が「不公正な取引方法」として示されました。①金銭・物品（付録を含む）・饗応（催し物への招待・優待を含む）・抽選券・その他の経済的利益を供与して購読を勧誘すること，②無代紙・見本紙の濫用によって購読を勧誘すること，③地域または相手によって差別した，異なる定価をつけること，④新聞社が部数増へ駆り立てるために，注文数を超えた部数を販売店に押し付けること，です。

　新聞特殊指定が制定されたにも関わらず，違反行為は引き続き各地で起きました。明くる1956年以降も，乱脈販売の自粛申し合わせ，特殊指定厳守の申し合わせ，特殊指定の締め直し案の作成，特殊指定の完全励行決議などが，各新聞社のあいだで次から次へと行なわれたのは，販売競争の厳しい現実が未だ続いていたことの証左です。

　余りに強引な営業手法が繰り広げられたという事実は，報道や論評が載る紙面内容との甚だしい落差とも相まって，人びとの脳裏に強烈な印象を刻み込み，拭いがたい記憶となって永らく留め置かれたのでした。

9.6. 新聞特殊指定の改革

時は流れて1990年代。公正取引委員会は規制緩和の一環で新聞特殊指定にも手を入れました。それは，学校教育教材用定価，大量一括購入者向け定価，長期購読者向け定価，口座振替用定価，一括前払い用定価など，正当かつ合理的な理由があれば，多様な定価を設定しても特殊指定

上は何ら問題が無いとの但し書きを挿入したのです。当時は著作物再販制度論争の方向性が定まっておらず，暫定的な改定にとどまりました。

　すなわち，1999年に告示された新聞特殊指定（平成11年7月21日公正取引委員会告示第9号，正式名称「新聞業における特定の不公正な取引方法」）では，以下の行為が「不公正な取引方法」として示されました。①新聞社が，地域または相手によって差別した異なる定価をつけること。「ただし，学校教育教材用であること，大量一括購読者向けであること，その他正当かつ合理的な理由をもってするこれらの行為については，この限りではない」，②新聞販売店が，地域または相手によって差別した異なる定価をつけること，③新聞社が新聞販売店に対し，注文数を超えた部数を押し付けること，です。

　この1999年の段階では，第1項に但し書きを挿入した以上に踏み込む改正は見合わせ，景品類や無代紙・見本紙に関する条項が景品表示法に移されたのを除けば，大枠は1955年当時の告示内容と同一です。

9.7. 新聞特殊指定の存続

特殊指定は，特定の業界のアンフェアな取引方法を具体的に示して禁止する措置です。したがって，社会の変化に伴って新たな不公正取引が横行すれば，その業界が指定を受ける羽目になるし，業界固有の悪弊が是正されたと判断されれば，廃止または見直しに至るのは至極当然です。特殊指定が廃止されても，独占禁止法の本条規定と告示による一般指定とは適用されます。

2000年代に新たに指定を受けたのは,運送・倉庫と大規模小売店という,二つの業界でした。

運送・倉庫業界が指定されたのは2004年4月1日。荷主である大企業が,中小の運送・倉庫業者に商品や原材料の運送・保管を委託するさい,特定の業者だけを有利あるいは不利に扱うといった優越的な地位の乱用行為が問題となりました。

大規模小売店業界に対しては2005年11月1日からです。デパート・スーパー・量販店・コンビニなどが,その優越的な地位を乱用して納入業者に対し不当な返品をしたり,不当に従業員などの派遣を求めたりする行為が一向に改まらないうえ,売れ残った商品を納入業者に強制的に買い取らせたり,使い道を明確にしないで協賛金の拠出を求めたりといった,新たな不公正取引が目立つようになったためでした。

その一方,告示から数十年が経過している,新聞も含めた五つの業種に関し,公正取引委員会は2005年11月に廃止を含めた抜本的な見直し方針を表明。翌2006年になって,新聞業以外の,教科書(1956年告示,6月2日廃止),海運業(1959年告示,4月13日廃止),食品缶詰・食品瓶詰(1961年告示,2月1日廃止),オープン懸賞(1971年告示,4月27日廃止)の特殊指定は,いずれも廃止となったのでした。

新聞特殊指定の抜本的な見直しは,2001年に著作物再販制度の「当面存置」が結論付けられた段階から,公正取引委員会にとっては「宿題となっていた問題」でした。ところが,ここでも新聞業界あげての抵抗に直面します。

2006年3月,日本新聞協会は「再販制度と特殊指定は言論の自由を守る車の両輪」と主張し,特殊指定の堅持を求める特別決議を全会一致

で採択。それぞれの新聞は社説などの紙面を使って，特殊指定固持のキャンペーンを大々的に行ないました。

　さらに政界を巻き込んでの反対運動を展開します。自民党の有志議員による「新聞販売懇話会」や，その下部組織である「新聞の特殊指定に関する議員立法検討チーム」を立ち上げて，正論を展開する公正取引委員会に圧力をかけました。自民党以外の，公明・民主・共産・社民など，当時のほぼすべての政党も新聞特殊指定の廃止反対に回りました。

　最終的に公正取引委員会は 2006 年 6 月，新聞特殊指定の見直しについての結論提示を見合わせ，当面維持すると発表しました。新聞業界とのあいだで議論を繰り返したのですが，噛み合う余地がなく，話し合いを続けても特段の進展は望めないと判断したからでした。

　以上のように，新聞業界には再販制度と特殊指定という二つの規定が存続しています。再販制度は新聞発行本社から新聞販売店への垂直的な取引活動の制限規制であり，新聞特殊指定は新聞発行本社同士あるいは新聞販売店同士の水平的な価格協調行動の要請です。ゆえに，新聞販売店に対しては，定価販売するよう求めた，「タテ」方向と「ヨコ」方向からの，二重のシバリがかかっているのです。■

おわりに

第二次世界大戦の敗戦国であるドイツは，日本の戦後と同様に，連合国側の占領下に置かれました。非武装化政策が断行され，再軍備を阻止するべく経済上の制限が課されたのです。

　何故ならば，台頭してくる独裁者が権力を掌握する過程では，産業構造の極端な集中が，要（かなめ）の一画として必ず組み込まれていたからです。その事実こそが独裁政権誕生の原動力になったと考えられました。コンツェルンやトラストといった巨大独占企業体は，国益と癒着した専有的利益を手中にする一方で，全体主義の隆盛に加担していたとみなされ，断固として解体する必要性があったのです。それに伴って，競争法の制定が強く求められました。

　競争法（competition law）とは，資本主義の経済システムのもと，特定企業による市場の独占状態や不公正な取引方法を排除し，公正で自由な競争の実現を図る法律です。社会主義・共産主義にみるような，中央統制型で一極に集中した計画経済も退けています。アメリカの反トラスト法や日本の独占禁止法が，この競争法です。

　さて，戦後のドイツは，米ソ英仏の四か国による分割統治を受けるのですが，ほどなくイデオロギーの対立から米英仏とソ連とのあいだで溝が深まり，占領地区通貨をめぐって亀裂が決定的なものとなります。

1949年5月，米英仏の西側統治諸州にボンを首府とするドイツ連邦共和国（西ドイツ）の臨時政府が発足，同年10月にソ連統治諸州にドイツ民主共和国（東ドイツ）が成立して，東西に二つの共和国が並び立つ事態となりました。四か国共同占領地だったベルリンも分断され，後の1961年8月に「ベルリンの壁」が建設されます（ベルリンの壁が物理的に崩れるのは，およそ三十年後の1989年11月。翌1990年10月には東西ドイツの統一がなされました）。

　西ドイツでは，経済運営の主導権が米英仏から次第に移管されるようになると，カルテル規制を求める法案作業が活発化します。米国の反トラスト法の単なる輸入ではなく，競争法の自主制定を求めて試行錯誤を繰り返したのち，1957年7月になって公布されたのが，**競争制限禁止法**（Gesetz gegen Wettbewerbsbeschraenkungen）です（施行は翌1958年1月）。同時期に，連邦カルテル庁（Bundeskartellamt）が競争制限禁止法の執行機関としてボンに設置されます。

　この競争制限禁止法の制定に大きく関与したのは，西ドイツの発足から足掛け十五年の長きにわたって経済相を務めることになる，**エアハルト**（Ludwig W. Erhard）です。国富の回復と発展には，企業の独占は必ずしも必要ではないというエアハルトの持論を裏付けるように，やがて西ドイツは経済の急速な再建が始まり，奇跡ともいえる経済成長を遂げていくのでした。

　エアハルトは，熱心なオルド自由主義者でもありました。**オルド自由主義**（Ordoliberalismus）とは，フライブルク大学の経済学教授など，戦前のドイツで機関誌『Ordo』に依拠した言論人の主張をいいます。ラテン語で「秩序」を意味する雑誌タイトルが示すように，市場経済は

自由放任のままでは維持できないとの旗印を掲げていました。ただし，エアハルトは，あらかじめ理論があり，その通りに事を運べばうまくいくとする，そういうタイプの信奉者ではなかったのでした。

　エアハルトは1952年に競争制限禁止法の政府草案を取りまとめるのですが，1957年の制定に至るまでには国内でじっくりと議論が交わされました。肺肝を砕きました。遠大な跳躍は充分な蹲踞（そんきょ）を経なければなりません。日本が，独占禁止法「1953年の大改正」で参照したのは，この1952年の西ドイツ政府草案です（→ p.43-49）。

　この草案は，オルド自由主義を基本としているものの，より実務的で実行可能なものとなっており，特筆すべきは，日用ブランド品と出版物（書籍・雑誌・新聞）に対して，再販制度を許容する適用除外措置が設けられていた点です。

　日用ブランド品が再販制度の対象となったのは，ブランド価値の毀損を防ぐためでした。日本よりも一回りも二回りも激しいハイパー＝インフレーションに見舞われたドイツでは，日常使いの必需品が極端な売価の上下を繰り返してしまうと，品質に対する信頼を損なうだけでなく，社会一般の公共性をも害すると考えられたからです。ただし，再販制度の適用にさいしては濫用監視体制を敷き，監督官庁である連邦カルテル庁への届け出義務を伴いました。経済が回復し物価が安定してくると競争政策に戻す必要性が生じ，草案からおよそ二十年後の1973年改正で，日用ブランド品に対する再販制度は廃止されています。

　出版物（書籍・雑誌・新聞）に対しての再販制度適用は，旧来からの定価販売を踏襲したかたちでした。19世紀にドイツでは出版者による書籍の投げ売りが盛んに行なわれており，それが書籍商の経営を圧迫し

ていたのです。こうした事態に対処するため，書籍商組合が1887年に規約を策定して定価販売を確立させたのでした。事業者利益の擁護を動機に誕生したカルテルなのですが，競争制限禁止法においては，この商慣行が追認されたものとなりました。日用ブランド品には必須だった連邦カルテル庁への届け出義務も，出版物に対しては，求められはしませんでした。

　おそらくエアハルトは，カルテルの原則禁止を掲げて競争政策を推進させようとする一方で，焦土と化した母国の将来を深刻に懸念したはずです。以下はまったくの推測に過ぎないのですが，戦敗のドイツにおいて，今後どのように国家のアイデンティティを保全していくのか，いかに民族の伝統を将来にわたって維持するのかと思案したときに，それは「言語」を守護するに他ならないと思い至ったのではないでしょうか。

　一定の歴史的条件を持つ母語（mother togue）が一つの社会集団を形成し，その里言葉と言語共同体が互いに互いを規定し合いながら，みずから書き言葉を所有して，時として国語（national language）となるのであれば，言葉が国家を成すのであり，国家もまた固有の言葉を求めるのです。悲惨な大敗から立ち直り国家再生を果たすうえでの強固な地盤を築くには，民族に共通する土着語への強い信頼感を育成し，他の言語からの，文法・語彙・発音といった，あらゆる影響を入り込ませない工夫を凝らさなければなりません。そのためにも，有形の印刷言語を再販制度で例外的に庇護する必要があったのだと思います。

　実際のところ，競争制限禁止法の1973年の改正では，日用ブランド品に対する再販制度は廃止されるのですが，反対に出版物に関しては文化政策的見地から適用除外とするとの一文が明記されたのです。一国の

文化水準を維持し，さらなる普及に資するという観点から，はっきりとした根拠付けがなされました。

　価格の安定した出版物を扱う専門的な小売業の拠点が津々浦々に存在していれば，国民が自国語のさまざまなコンテンツに，容易に接する機会を確保できるのです。再販制度は，文化財としての出版物が全国にあまねく広まる体制の保持につながるものとして容認された政策でした。北欧などで自国の言語を保護する目的のもとに実施されている，**公貸権制度**（図書館での図書貸出による売上損失の補塡制度），あるいは**図書調達制度**（国が図書を買い上げて図書館に無償供与する制度）といった言語政策と重ねることもできます。

　出版物の再販制度は，度重なる競争制限禁止法の改正でも存置され続けました。そして東西ドイツ統一後の2002年10月に，**書籍価格拘束法**（Gesetz zur Regelung der Preisbindung bei Verlagserzeugnissen）が，新たに施行されたという事実を特記しておかねばなりません。

　競争制限禁止法での再販制度は事業者間の契約によるものでしたが，これを雑誌と新聞に限定し，一方の書籍に関しては改めて書籍価格拘束法を成立させ，再販制度の存在を条文として書き込んだのです。出版物の再販制度のなかで，書籍のみを特掲して法制化し，立法措置に基づいた制度そのものに改めたのでした。書籍は，再販制度という，いわば言語政策の一端に明確なかたちで据え置かれたのです。

　ところで，書籍の——雑誌や新聞と区別される——基本的な特徴は，①単独著者による，ひとまとまりの体系的な内容をもち，②比較的堅牢な造本のもとに，相当量のページ数で，単発刊行され，③そのつど一定数の読者を獲得する，という点です。

一人の著者の手になる言説や物語は，他に容易に代替されるものではあ
りません。半世紀以上前に書かれた作品であっても，何らかの契機でリ
バイバルし，価値が減じることなく新たな商品として通用するという現
象も起こり得ます。地域をまたいで他言語に翻訳されて広まったり，長
いあいだ読み継がれて古典に昇格したりといったことも珍しくありませ
ん。場所を変えても時間を経ても，読むたびに新しい発見や忘我の境地
を古今東西の読者に供するのです。

　無論こんにちでは，単行書でありながら複数人が執筆に名を連ねたり，
継続刊行される複数冊でグループにまとめられたり，といったケースも
見受けられます。造本もカジュアル化し，並製本が増えて，文庫や新書
の判型も棚を占めています。「ムック（雑誌体裁で書籍扱い）」や「（雑
誌扱いの）コミックス」のように，書籍と雑誌とのハイブリッド型のス
タイルも生まれているなど，書籍の在り方がかなり多岐にわたってきて
いる点には，留意の必要があります。

　ともあれ，書籍の記述内容は千差万別で，事々物々に筆が及び，バラ
エティーに富んでいるのは否めないところです。学術と教養を支える一
方で，趣味や娯楽，実用や啓発といった部類もかなりの割合を占め，怨
嗟・虚栄・嫉妬といった性情（本性の情態）の描出も含めて，実に幅広
いコンテンツが刊行されています。この作品を多くの人に知ってもらい
たいとか，この企画は埋もれてはならないといったように，出版社の側
が志（こころざし）を高く掲げて上梓に踏み出す事例もあり，これまで
にない主題内容を世に問うという点からして，多様性の幅を大きく広げ
ています。

　このように商品の種類が非常に多い反面で，一点一点の出荷量はひど

く僅少だというのも際立っています。消費者を千の単位で想定しても商業的に成り立つというのは，書籍出版の特徴です。桁外れな数の銘柄がいずれも少部数で刊行されている以上，消費者に選択の機会を提供し購入の利便性を図るためには，小売業たる書店の店頭での品揃えの充実が強く求められます。

　再販制度は末端価格をそのまま維持させるという点で，特に中小規模の書店経営を安定化に導きます。少なくとも商品の選択に販売価格が第一義に影響することはありません。その前提があるので，書店側は陳列棚に商品を豊富に確保でき，訴求効果の高い棚作りに邁進していけます。多品種少量生産の書籍を多様かつ広範に供給して，消費者の要求に柔軟に対応し，購入の利便性へとつなげられるのです。

　書籍市場における角逐は，同一書籍での価格の競り合い——すなわちブランド内競争（→ p.114）——が焦点なのではありません。そうではなく，書籍の出版企画や叙述内容をめぐる出版社同士の勝負——すなわちブランド間競争（→ p.114）——として展開されているのです。価格以外のメリットを消費者に提供するコンテンツ上の腕比べです。多様性が求められる書籍出版の世界で，一人勝ちはあり得ません。

　表現の自由と，そこから導かれる言論の多様性の尊重が，出版産業の土台にあります。オンリー＝ワンの原石を見出し，掘り起こして磨き上げ，形を整えて世の中に送り出すのです。ただし，いくら入念に仕立てたからといって確実に売れるという保証はまったく無く，そこにはギャンブルに似た要素が他のビジネスに比べて格段に大きいのも事実なのですが，それがまた書籍出版の魅力の一つとなっています。■

主要参考文献一覧

<独占禁止法関係>

・村上政博著『独占禁止法』第7版（弘文堂，2016年）

・菅久修一編著，南雅晴ほか著『はじめて学ぶ独占禁止法』第2版（商事法務，2019年）

・岸井大太郎ほか著『経済法：独占禁止法と競争政策』第8版補訂（有斐閣，2019年）

・杉本和行著『デジタル時代の競争政策』（日本経済新聞社，2019年）

・佐久間正哉編著『流通・取引慣行ガイドライン』（商事法務，2018年）

・村上政博著『アメリカ独占禁止法：シカゴ学派の勝利』（有斐閣，1987年）

・泉水文雄著「ドイツの独占禁止法制」正田彬ほか編『独占禁止法を学ぶ』第4版（有斐閣，1999年）

・渡邉斉志著「書籍価格拘束法の制定」『外国の立法：立法情報・翻訳・解説』215号（国立国会図書館調査及び立法調査局，2003年）

・ロバート＝B＝ライシュ著，雨宮寛ほか訳『最後の資本主義』（東洋経済新報社，2016年）

・ブライアン＝デュメイン著，小林啓倫訳『アマゾン化する未来：ベゾノミクスが世界を埋め尽くす』（ダイヤモンド社，2020年）

・ティム＝ウー著，秋山勝訳『巨大企業の呪い：ビッグテックは世界をどう支配してきたか』（朝日新聞出版，2021年）

・ショシャナ＝ズボフ著，野中香方子訳『監視資本主義：人類の未来を賭けた闘い』（東洋経済新報社，2021年）

<出版再販関係>

・浜野保樹著『表現のビジネス』（東京大学出版会，2003年）

・木下修著『書籍再販と流通寡占』（アルメディア，1997年）

・伊従寛編『著作物再販制と消費者』（岩波書店，2000年）

・高須次郎著『再販／グーグル問題と流対協』（論創社，2011年）

・高須次郎著『出版の崩壊とアマゾン：出版再販制度「四十年」の攻防』（論創社，2018年）

・小田光男著『出版状況クロニクル』［Ⅰ］－Ⅴ（論創社，2009-2018年）

・雑誌公正取引協議会編『雑誌の懸賞・景品基準』2008年版（雑誌公正取引協議会，2008年）

・『50年史』編集委員会編『日本雑誌協会 日本書籍出版協会50年史』（日本雑誌協会・日本書籍出版協会，2007年）

・日書連五十五年史刊行委員会編『日書連五十五年史』（日本書店商業組合連合会，2001年）
・出版流通改善協議会編『再販契約の手引き』第7版（出版流通改善協議会，2017年）
・トーハン編『新・よくわかる出版流通のしくみ』2019-20年版（メディアパル，2019年）
・日本書籍出版協会・日本雑誌協会編『消費税の総額表示への対応について (2020年12月版)』
（日本書籍出版協会・日本雑誌協会，2020年）

<戦後史関係>
・ジョン=ダワー著，三浦陽一ほか訳『敗北を抱きしめて：第二次大戦後の日本人』増補版
（岩波書店，2004年）
・斉藤眞著『アメリカ現代史』（山川出版，1976年）
・アーサー=M=シュレシンジャー著，猿谷要監修，飯野正子訳『アメリカ史のサイクル』Ⅰ-Ⅱ
（パーソナルメディア，1988年）
・ベン=マッキンタイアー著，小林朋則訳『キム・フィルビー：かくも親密な裏切り』（中央
公論新社，2015年）
・渡辺惣樹著『戦争を始めるのは誰か：歴史修正主義の真実』（文藝春秋，2017年）
・渡辺惣樹著『第二次世界大戦アメリカの敗北：米国を操ったソビエトスパイ』（文藝春秋，
2018年）
・佐藤卓己著『言論統制：情報官・鈴木幸庫三と教育の国防国家』（中央公論新社，2004年）
・大木毅著『独ソ戦：絶滅戦争の惨禍』（岩波書店，2019年）
・渡辺将人著『メディアが動かすアメリカ：民主政治とジャーナリズム』（筑摩書房，2020年）
・関岡英之著『拒否できない日本：アメリカの日本改造が進んでいる』（文藝春秋，2004年）
・関岡英之著『奪われる日本』（講談社，2006年）

<経済史関係>
・山形浩生編・訳・解説『超訳ケインズ「一般理論」』（東洋経済新報社，2021年）
・東谷暁著『経済学者の栄光と敗北：ケインズからクルーグマンまで14人の物語』（朝日新聞
出版，2013年）
・佐々木実著『資本主義と闘った男：宇沢弘文と経済学の世界』（講談社，2019年）
・白井聡著『武器としての「資本論」』（東洋経済新報社，2020年）

<言語政策関係>

・加藤重広著『言語学講義：その起源と未来』（筑摩書房，2019年）
・田中克彦著『ことばと国家』（岩波書店，1981年）
・印刷博物館編『日本印刷文化史』（講談社，2020年）

<新聞業界関係>

・浜田純一ほか編『新訂 新聞学』（日本評論社，2009年）
・大塚将司著『新聞の時代錯誤：朽ちる第四権力』（東洋経済新報社，2007年）
・畑尾一知著『新聞販売と再販制度』（創英社／三省堂書店，2015年）
・里見脩著『新聞統合：戦時期におけるメディアと国家』（勁草書房，2011年）
・幸田泉著『小説 新聞社販売局』（講談社，2015年）

<音楽業界関係>

・小沼純一監修『あたらしい教科書8 音楽』（プチグラパブリッシング，2006年）
・さわやか著『僕たちとアイドルの時代』（星海社，2015年）
・菊地成孔著『CDは株券ではない』（ぴあ，2005年）
・榎本幹朗著『音楽が未来を連れてくる：時代を創った音楽ビジネス百年の革新者たち』（ディスクユニオン，2021年）
・壇俊光著『Winny天才プログラマー金子勇との7年半』（インプレスR&D，2020年）
・スティーヴン＝ウィット著，関美和訳『誰が音楽をタダにした？：巨大産業をぶっ潰した男たち』（早川書房，2016年）
・柴那典著『初音ミクはなぜ世界を変えたのか？』（太田出版，2014年）

<ウェブ=サイト>

・公正取引委員会・日本書籍出版協会・日本雑誌協会・日本出版取次協会・日本書店商業組合連合会・日本レコード協会・日本新聞協会のホームページ

■

図書館のための出版キイノート
再販制度と独占禁止法

2021 年 8 月18日　初版第 1 刷発行

検印廃止

著　　者	宮　沢　厚　雄
発 行 者	大　塚　栄　一

発 行 所　株式会社 樹村房
〒112-0002
東京都文京区小石川5丁目11番7号
電　話　03-3868-7321
FAX　03-6801-5202
http://www.jusonbo.co.jp/
振替口座　00190-3-93169

表紙デザイン／宮沢厚雄
本文組版／BERTH Office
印刷・製本／亜細亜印刷株式会社

©MMXXI　MIYASAWA, ATSUO　Printed in JAPAN
ISBN978-4-88367-355-1
乱丁・落丁本は小社にてお取り替えいたします。